本书受复旦大学马克思主义新闻观教学与研究基地资助出版

想象与错置：
传播学史中的法兰克福学派

胡冯彬　著

中国广播影视出版社

图书在版编目（CIP）数据

想象与错置：传播学史中的法兰克福学派／胡冯彬著．－－北京：中国广播影视出版社，2021.4（2024.4重印）
ISBN 978-7-5043-8640-3

Ⅰ.①想… Ⅱ.①胡… Ⅲ.①法兰克福学派－研究 Ⅳ.①B089.1

中国版本图书馆 CIP 数据核字（2021）第 066670 号

想象与错置：传播学史中的法兰克福学派
胡冯彬　著

责任编辑	许珊珊
封面设计	贝壳学术

出版发行　中国广播影视出版社
电　　话　010-86093580　010-86093583
社　　址　北京市西城区真武庙二条9号
邮　　编　100045
网　　址　www.crtp.com.cn
电子信箱　crtp8@sina.com

经　　销　全国各地新华书店
印　　刷　永清县晔盛亚胶印有限公司

开　　本　710 毫米×1000 毫米　1/16
字　　数　185（千）字
印　　张　13
版　　次　2021 年 4 月第 1 版　2024 年 4 月第 2 次印刷
书　　号　ISBN 978-7-5043-8640-3
定　　价　50.00 元

（版权所有　翻印必究·印装有误　负责调换）

序　言

对于一名高校教师而言，最大的欣慰，莫过于见到自己的学生不断成长，毕业后在工作岗位上精益求精出成果。欣闻上海社会科学院世界中国学研究所胡冯彬的博士学位论文即将付梓出版，我作为他博士生学习阶段的导师，深深为此感到喜悦。当他向我提出让我写序言的希望时，我觉得理当同意，并将之视为导师职责的一种新延伸，教学相长的一次新机会。

胡冯彬是上海大学2010级传播学博士生，于2014年获博士学位。博士生学习阶段，其研究方向是国际传播。与其研究方向相吻合，他在博士生学习阶段对传播学领域国际学术界的研究和成果表现出较大的探索兴趣。深受西方马克思主义影响的法兰克福学派的学术思想尤其引起了他浓厚的研究兴趣。因而，到了博士生学位论文准备与确定选题阶段，他选择了以法兰克福学派作为研究对象，并以一个青年学子的敏锐，从传播学研究史上的一个几乎成"常识"的看法中，觉察到了有望成为其选题突破口的聚焦点：这个看法即认为法兰克福学派的批判研究和美国传播学中聚焦于研究大众传播效果、主要着力于探究大众传媒内容对个人行为的影响的传统学派经验研究是两种迥然不同的、冲突的研究传统或者甚至"二元对立"。对此胡冯彬提出了质疑："这种已被认为'常识'的二元对立是否真的存在？如果是的话，依据是什么？如果答案是否定的话，这种对立又从何而来？是如何以及怎样被建构的？法兰克福学派哪些方面被凸显和遮蔽？"其质疑，既构成其问题意识，

| 想象与错置：传播学史中的法兰克福学派 |

又反映出他希望其博士论文能够在对法兰克福学派的探究中，提出有关该学派学说的具有创新性的解读。

在胡冯彬当初与我讨论其博士论文选题时，我作为其导师，一方面为他并不人云亦云，而是追求创新的勇气而感到高兴；另一方面又深知要围绕这样一个选题撰写出有理有据的、学术逻辑合理清晰的学位论文，不仅需要勇气，而且需要脚踏实地、甘于埋头从大量有关资料中进行考据的案头功夫以及归纳分析资料的科学思维。我坦诚地将此向他提出，并指出，这一论文选题需要的文本收集和研读的工作量将是极大的。值得欣慰的是，胡冯彬并未因这一选题研究难度较大而止步，而是坚持以迎难而上的勇气展开这项"大胆的"尝试，沉下心来边着手收集有关资料边认真研读这些资料，围绕其研究问题，反复进行探索性思考。尽管在其博士论文的写作过程中，有过一次又一次思路卡住，心中怀疑和犹豫交织的情形，但这一次又一次的"小插曲"，并未使之放弃其撰写一篇创新性地解读法兰克福学派学术思想的追求，并未影响到论文撰写过程的整体大局。为了能够较全面地展现法兰克福学派在传播学研究史上的贡献，较清楚地显示学位论文中试图阐述的问题，而又将历史文本梳理的量限制在操作层面上可控可行的范围内，胡冯彬从该学派的学者中，选取了三位最具代表性的人物——霍克海默、阿多诺和哈贝马斯作为主要研究对象，其中霍克海默和哈贝马斯是法兰克福学派两个不同时期的学术领军人物，而阿多诺既是法兰克福学派第一代的一位主要代表人物，又是1933年纳粹执政后霍克海默作为所长随法兰克福大学社会研究所迁居/流亡美国期间的重要合作伙伴，并且还在1950年霍克海默回国返回法兰克福恢复社会研究所工作时，随后者返回法兰克福，协助后者重建社会研究所。这三位被胡冯彬选作主要研究对象的法兰克福学派顶尖学者并且或曾经与美国传统学派/经验学派及其研究有过一定的交集，或在法兰克福学派学术思想的演变过程中发挥了至关重要的作用。将法兰克福学派这三位重要人物的研

| 序　　言 |

究和论述进行认真梳理，应当说确是探索法兰克福学派传播思想发展轨迹的一条有效途径。可见他既有创新的愿望和勇气，又不乏对可行性的认真考虑。胡冯彬在确立其博士论文研究主线的同时，并未对该学派另一些在国际上颇具影响的其他学者如马尔库塞和洛文塔尔等人的研究和影响视而不见，而是对之也进行了探讨，以此作为其博士论文的研究副线。

我觉得，胡冯彬的博士论文有两大长处：其中之一是能够通过认真的文本考据，依据有关历史文本，来回答其对传播学研究史上将法兰克福学派和美国传统学派/经验学派视为迥然不同的、冲突的两种研究传统的质疑。其基于史料挖掘所展示出的法兰克福学派开展过经验研究，以及该学派同美国传统学派/经验学派的重镇哥伦比亚大学应用社会研究所（Bureau of Applied Social Research）曾经有过合作经历的一些细节，支撑了其学位论文提出的主要观点，即认为西方传播学史中对法兰克福学派的叙述夸大和凸显了这两种学派之间的差异与冲突方面，而遮蔽和掩盖了两者间的互动和相关性，认为西方传播学史叙述的法兰克福学派，有想象和错置的成分在内。基于史料展开论述使胡冯彬的博士论文显得基本上立论有据。这篇博士论文的另一大长处是能够动态地看待法兰克福学派及其传播思想的发展，并能尝试将对法兰克福学派传播思想的研究，同探索传播学的思想溯源和发展联系起来，从而为该博士论文的学理探讨增添了一个维度。

在我看来，胡冯彬博士论文的研究，从选题的确定到撰写的推进，显示出了他勇于追求创新的精神，也显示了他勤于读书、乐于思考的风格。期待看到他在未来的学术生涯中能够将这些继续保持。

胡冯彬完成博士生学业后，考入复旦大学新闻学院博士后流动站，在名师童兵教授的指导下继续深造。出站后，他成为上海社会科学院世界中国学研究所的成员，继续在学术之路上前行。在获得博士学位后的这几年中，他又对其博士论文进行了进一步推敲和修改，形成了今天这本题为《想象与错

| 想象与错置：传播学史中的法兰克福学派 |

置：传播学史中的法兰克福学派》的书稿。作为一名年轻学者，他需要在未来的学术生涯中不断脚踏实地增加研究积累，提升学术功力，不断进取，一步步走向成熟。复旦大学马克思主义新闻观教学与研究基地对其书稿出版的资助，相信必然会有力地推动他在学术之路上继续前行。

中国的传播学研究，在改革开放大背景下起步，迄今已经历了40多个年头的发展历程。在这40多个年头中，传播学本土化/中国化，是始终萦怀于我国传播学研究者心头的命题，也是我国传播学界一以贯之的追求。最近几年以来，在习近平总书记2016年在全国哲学社会科学工作座谈会上的重要讲话和其他一系列重要讲话的指引下，我国传播学界更加坚定了向传播学中国化迈进，构建立足我国社会现实、能够从学理上解释和指导本国国情语境下传播实践的传播学理论体系之决心和信心。总书记在全国哲学社会科学工作座谈会上的重要讲话中，指示我国哲学社会科学界"要按照立足中国、借鉴国外，挖掘历史、把握当代，关怀人类、面向未来的思路，着力构建中国特色哲学社会科学，在指导思想、学科体系、学术体系、话语体系等方面充分体现中国特色、中国风格、中国气派"。对于中国特色哲学社会科学应该具有的特点，总书记高瞻远瞩地指出，要把握住三个主要方面，即"体现继承性、民族性"，"体现原创性、时代性"，"体现系统性、专业性"。在习总书记指示的鼓舞下，传播学界发出了建立具有"全球视野、中国气派"的中国特色传播学体系的呼声。面对时代赋予的这一使命，我国传播学界任重道远，需要加倍努力，在马克思主义的指导下，遵循习总书记要求我们"要善于融通古今中外各种资源，特别是要把握好三个方面的资源"（马克思主义的资源、中华优秀传统文化的资源和国外哲学社会科学的资源）的指示，坚持不懈努力学习，以求融通中外文明优秀成果中的传播学相关原理，结合深入我国社会传播实际的研究，进行创新。即将出版的胡冯彬的博士论文，是他对国外传播学中受到西方马克思主义影响的一个重要流派展开较为深入细致研究的成果。从我国传播学术界需要把握好国外传播学的资源角度来说，其意义在于此书可以融入以中国人的立场和眼光，研究借鉴国外传播研究学术成果的努力，从而为传播学中国化，略尽有助于全球视野中的学理探索之力。

身处我国新闻传播学领域，我们理当坚持在学术的道路上砥砺前行，为传播学中国化、中国特色传播学的构建，为中国特色传播学在中外传播学界学术对话和互动中走向世界，丰富世界传播学的知识图，奉献绵薄之力。愿以此与胡冯彬共勉。

张咏华
2021年6月8日于上海

自　序

施拉姆出于学科建制的目的，为传播学科获取学科的合法性地位，选择拉斯韦尔、拉扎斯菲尔德、勒温和霍夫曼四位学者为学科奠基人。施拉姆对传播学科建制的贡献毋庸置疑，但是他的选择存在着认识论偏好和"厚今式"的书写策略。近年来，越来越多的学者重新审视这段历史，比如对杜威、芝加哥学派、法兰克福学派、文化研究等学者学派的重新认识，便是极好的佐证。

在传播学史中，法兰克福学派的批判研究和哥伦比亚学派的大众效果研究被认为是传播研究领域两种不同的研究范式，对立的二元。这种已被认为"常识"的二元对立是否真的存在？如果是的话，依据是什么？答案否定的话，这种对立又从何而来？是如何以及怎样被建构的？法兰克福学派哪些方面被凸显和遮蔽？是本书试图解决的主要问题。

要探究这种二元对立关系的实质，首先要了解法兰克福学派为何会以这样的面貌被书写入美国的传播学史之中，以及在学术史的图景中考察法兰克福学派的观点是如何被接受或修正的，再思考该学派二代学者间的学术取向为何会发生如此大的转向，从而从学派内部和外部，探析二元对立是否可以成立。本书即重在探究两者对立建构的背景。法兰克福学派流亡美国时期，是其最具学术创造力的阶段。但为何施拉姆和其他美国学者会视而不见，反倒在学派核心成员返回德国二十多年之后，美国知识界才开始接触、认知他们的理论？研究围绕着二元对立的话题想象建构展开，从霍克海默《传统理论和批判理论》和拉扎斯菲尔德《论行政和批判的传播研究》文本溯源，分析阿多诺和拉扎斯菲尔德在广播音乐项目上的合作，以此展现法兰克福学派的经验研究，最后分析学派第二代旗手哈贝马斯的学术研究转向，以及他对美国实用主义哲学态度背后的成因。

我在博士阶段选择法兰克福学派作为研究对象，算是一次大胆的挑战。写作过程中，心情的走势颇像一张心电图，有时会为了一点新想法而雀跃，更多的时候，是一次次的怀疑和犹豫。"学者以学问为之志业，脱离低级趣味，满怀感恩，纯粹地求索，不遗余力。很美丽，但是，也残酷。"读博期间，郑涵教授多次以此鼓励我们。虽不能至，但心向往之。幸运的是身边一直有着师友，鼓励着我前行。

感谢我的博士生导师张咏华教授。读博期间，处处能感受到她对学术的热爱和为人的严谨。在我的学术道路上，她给予了极大的空间，不予以太多干涉，任我自由地读书写字。本书的出版要感谢我的博士后合作导师童兵教授和马凌教授的支持和帮助，他们给我研究、写作及生活以莫大的支持与鼓励，也总在关键节点拉上一把。

还要感谢导师严励教授和王鹏飞教授。他们是领我走上学术道路的引路人。感谢上海社会科学院世界中国学研究所所长沈桂龙研究员、周武研究员和姚勤华研究员对我的研究工作提供了有力的支持。感谢中国学所各位不同学科专业的同事，与同龄人的切磋总能扩宽我的视野并受到启发，尤其王震研究员对我照顾良多，对此深表谢意。

最后，要深深地感谢我的家人，他们一直是我最坚强的后盾。也因为他们，我努力变得更好。

胡冯彬
2020 年 9 月 27 日

目　　录

绪论 ……………………………………………………………………（1）

　　第一节　问题缘起 …………………………………………………（1）

　　第二节　研究视角与方法 …………………………………………（15）

第一章　传播学史与身处其中的批判学派 ………………………………（21）

　　第一节　Communication 是什么？ ………………………………（23）

　　第二节　施拉姆书写的学科建制史 ………………………………（27）

　　第三节　二战后美国社会科学的范式危机 ………………………（37）

　　第四节　1968 年：撞击世界的年代 ………………………………（51）

第二章　法兰克福学派的批判研究和经验研究 …………………………（62）

　　第一节　二元对立的文本起源 ……………………………………（64）

　　第二节　文化工业：人的全面异化 ………………………………（76）

　　第三节　法兰克福学派的经验研究 ………………………………（88）

第三章　普林斯顿广播研究项目："二元对立"的发轫之地 …………（101）

　　第一节　奔赴美利坚之前的西奥多·魏森格隆德 ………………（102）

　　第二节　美丽新世界中的阿多诺 …………………………………（107）

　　第三节　普林斯顿广播研究项目：典型的美国应用研究项目 ……（114）

　　第四节　研究范式冲突？还是学术与商业的博弈？ ……………（126）

第四章　哈贝马斯：法兰克福学派的一次转向 …………………（145）
　　第一节　哈贝马斯：激进的学术改良主义者 …………………（147）
　　第二节　工具理性转向交流理性的意图 ………………………（156）
　　第三节　哈贝马斯学术路径的背后 ……………………………（170）
结语 ……………………………………………………………………（177）
参考文献 ………………………………………………………………（184）

绪　论

第一节　问题缘起

　　国内传播学界对于芝加哥学派的关注与研究，是对施拉姆关于早期美国传播学发展观点的进一步反思。囿于国内当时传播学科发展现状，施拉姆的观点，影响了国内外传播学者对传播学科和传播思想史的认知。施拉姆笔下的传播谱系图，一次次成为很多传播研究者出发的起点，"似乎一提传播学，就是由四大奠基人首创。我们的视野也囿于这样的知识地图，在这种情况下，对于传播学多元源头的探究就显得十分必要。"① 也正是因为此，针对芝加哥学派传播思想的研究，不仅是对施拉姆的传播学科史观点的重新审视，更是一次对传播研究源头的探寻之旅。这种审视不是有意去否定四大奠基人及施拉姆在传播领域中的开创作用，更多的是去尝试打开那些被"一种个人主义的、短期研究的样式"② 所尘封了的研究领域。

---

　　① 张军芳. 经验社会学路径下的传播研究：论罗伯特·E·帕克的传播研究. 现代传播. 2006.2：167.

　　② 罗杰斯. 传播学史：一种传记式的方法［M］. 上海：上海译文出版社. 2002：204.

| 想象与错置：传播学史中的法兰克福学派 |

"当前美国的传播学在多大程度上受到芝加哥传统的影响？主流的实证主义是否是经验主义传播学唯一正确的学科发展方向？重续芝加哥学派传统会对传播学的学科发展方向产生何种影响？"这些问题正是胡翼青在挖掘和梳理芝加哥学派传播思想时的出发点。[①] 他强调，"如果从芝加哥学派的视角重新审视传播，传播学的研究就有可能走出'5W'模式的狭窄天地，向更为宏观的研究方向——如传播与人性或者传播与社会生态的关系拓进。因此，走出结构功能主义的禁锢，追寻、追释和追续芝加哥学派的传播理论谱系……对于解决当前的传播理论危机以及未来传播学理论与学科的发展、范式的转型与革命都具有不可低估的意义。"笔者看来，芝加哥学派传播思想的研究，委实可以使传播学者站在一个更为宽广的视野来理解、分析社会问题。但这未必就能解决当前传播学科自身存在的问题。自传播学科的奠定伊始，传播学科范式危机就成为一个"永恒"的话题，不间断地被学者发问、讨论。20世纪50年代末，伴随着整个美国人文社会科学领域的集体反思，有关传播学科范式危机的争论愈发激烈。《传播学季刊》（Journal of Communication）等期刊专题征稿，甚至组织特刊，进行大范围的讨论。例如1983年，《传播学季刊》以"领域的发酵"（Ferment in the Field）[②]之名刊发特刊，围绕着"传

---

① 参见胡翼青. 再度发言：论社会学芝加哥学派传播思想 [M]. 北京：中国大百科全书出版社. 2007：11.

② 虽然对于传播学科的讨论滥觞于20世纪50年代，但是正是1983年《传播学季刊》的这期特刊算是把对于相关问题的讨论推至了顶峰，甚至把此作为一直以来该问题研究的一座里程碑也不为过。这可以从当时撰稿的41位学者组成就能见一二，例如有施拉姆（Wilbur Schramm）、阿芒·马特拉（Armand Mattelart）、伊莱休·卡茨（Elihu Katz）、赫伯特·席勒（Herbert Schiller）、E·罗杰斯（E·M·Rogers）、文森特·莫斯可（Vincent Mosco）、詹姆斯·凯瑞（James Carey）等这些传播研究的学者。《传播学季刊》能在一期中召集如此众多的知名学者，足见该问题的重要性，其讨论已在传播领域中引起大多数人的关注。同时也不能忽略期刊当时的主编，时任宾夕法尼亚大学安纳堡传播学院院长乔治·格伯纳（Geroge Gerbner）的作用，他也是上述41位作者中的一位。

| 绪　　论 |

播学者和研究者的角色"（the role of communications scholars and researchers）与"传播学科在社会中的角色"（the role of the discipline as a whole, in society）两个主题，征集了来自10个国家41位学者的35篇论文。① 10 年之后，《传播学季刊》再以特刊形式刊发续篇"领域的未来"。期间，仍有不同的学术期刊或会议进行相关议题的讨论。《传播学理论》（Communication Theory）2013 年开篇即有关传播学科范式危机的文章——《学科危机？大众传播研究的范式转变》（Discipline in Crisis? The Shifting Paradigm of Mass Communication Research）②。源起于20世纪60年代的传播学科第一次范式大讨论，余响延续至今。若是把传播学科存在已久的范式危机，归因于施拉姆设立的四大奠基人或由此而形成的传播学主流研究范式的话，那多少有点简化了问题。"一个科学的发展是需要借助于范式的革命的，施拉姆应该没有这样的野心也没有能力去控制传播学范式的革命。所以，传播学至今没有达到这样的范式革命的出现，主要的责任在后继者身上。"③

在此部分述说了看似与本文主题并无多大关联的芝加哥学派研究，笔者想表达的是，正是那些传播学者对于芝加哥学派的研究，是我选择法兰克福学派作为研究主题的一个重要原因，甚至可以说，这些成果是我思考的一个起点，促成了我研究主体的形成。以下列几段话为例：

一再重复过去的研究，对明确无误的事加以验证。尽管这也带来了一些切实的学术成就，但即便没有严重的学术或社会后果，它也只能裹足不前。……但是从何处汲取源泉，以获得一个全新的传播研究视

---

① 参见 Introduction—Ferment in the Field. *Journal of Communication*. 1983, 33, 3.

② Annie Lang. *Discipline in Crisis? The Shifting Paradigm of Mass Communication Research.* Communication Theory. 2013（23）.

③ 吴飞. 传播学的反思要正视芝加哥学派的传统：兼评胡翼青的《再度发言：论社会学芝加哥学派传播思想》. 当代传播. 2008.5：22.

野?……最切实可行的传统（尽管并不完备）还是来自杜威的同事及后人的芝加哥学派关于传播的社会思想：从米德、库利到罗伯特·帕克，直至欧文·戈夫曼。①

在芝加哥学派成员璨若群星的社会学著作中，散落着珍珠般闪闪发光的传播学思想，甚至有几本书本身就是传播学著作。这些思想有的确已过时，但有的依然具有生命力而且正在不断发展壮大，还有相当一部分对传播学当前和未来发展仍有重要的启示意义。这些思想并不像外在的那么毫无章法，而是具有某种内在的秩序。……由于芝加哥学派认为现代社会仰仗传播而维系，因此它所关注的是大众传播在一个现代性的社会中所发挥的作用，其意义远远超越了实证主义者对传播含义的限定。芝加哥学派对传播的理解远远不像人们想象的那样缺乏系统性和科学性。②

罗宾·彭曼（Bobyn Penman）曾提出用一种新的传播范式来替代经验主义范式，因此他提出了这种范式的五个前提假设：(1) 行动是自愿的；(2) 知识是社会创造的；(3) 理论是有历史性的，理论随着时代而变化；(4) 理论影响它们所概括的"现实"，因为理论家是世界的一部分；(5) 理论是有价值的，它们从来都不是中性的。……可以用四个关键词来突出人本主义范式的深层结构：整合、主体性、学术化和探索性。这些关键词与主流范式的主张是对立的。……巧合的是，传播学人本主义范式这四个关键词恰恰与芝加哥学派传播研究思想遗产中的某些精神

---

① 詹姆斯·W·凯利. 作为文化的传播："媒介与文化"论文集 [M]. 北京：华夏出版社．2005：67.
② 胡翼青. 再度发言：论社会学芝加哥学派传播思想 [M]. 北京：中国大百科全书出版社．2007：8—9.

| 绪　论 |

与气质是完全吻合的。①

这些文字所描述的图景,在笔者脑海中呈现出来的不只是芝加哥学派中的学者,还有法兰克福学派的群体。尤其是第二段文字,"芝加哥学派"换成"法兰克福学派",几乎也能成立。在此并非强调这些文字的针对性不强,而是试图指出法兰克福学派的研究成果,也对当时的传播研究产生了重要的作用,多数传播学史的著作成果中都有所提及。当然,相比于芝加哥学派所处的社会学领域,法兰克福学派的学者更为偏重哲学研究,似乎离传播研究这块当时刚被开垦的领域略远。这并未影响到两者相互关注与彼此渗透。即便法兰克福学派的著作不如芝加哥学派的著作那样,被认为是传播领域的经典著作,也无法去否认它们中"依然具有生命力而且正在不断发展壮大,还有相当一部分对传播学当前和未来发展仍有重要的启示意义。这些思想并不像外在的那么毫无章法,而是具有某种内在的秩序"。再看罗宾·彭曼有关传播范式的五大要点,20 世纪 30 年代,霍克海默出任法兰克福社会研究所主任的这一期间所发表的演说与文章中能找到相似的观点。如《社会哲学现状和社会研究所的任务》(*The Current Condition of Social Philosophy and the Task of an Institute of Social Research*)、《传统理论和批判理论》(*Traditional and Critical Theory*)。霍克海默的设想改变了早期法兰克福社会研究所的研究方向,直接影响了研究所几批学者。可以说,正是霍克海默在 20 世纪 30 年代这一系列极具有纲领性的论著,促使法兰克福社会研究所成了日后大家所描述的"法兰克福学派""批判学派"。

对已有的传播学史书写的反思在几乎是以施拉姆一人之力开设传播学科的美利坚土地上,同样存在着不同的声音。"整部大众传播研究史仍旧有待于

---

① 胡翼青.再度发言:论社会学芝加哥学派传播思想 [M].北京:中国大百科全书出版社.2007:384—387.

书写。"① 詹姆斯·凯瑞（James Carey）在《芝加哥学派与大众传播研究》(The Chicago School and Mass Communication Research)一文的开篇就提出"严格来说，大众传播研究是没有历史的"，② 并认为美国新闻史研究中存在着"辉格党式的历史阐释"，即新闻史家们通常将进步假设为历史最重要的原则。③ 大卫·斯隆（William David Sloan）认为美国相当一部分传播史家已经接受了凯瑞提出的这个术语。④"辉格党式的历史阐释"正是凯瑞对美国大众传播学史个人态度的展现。既然新闻传播学史中存在着辉格式研究倾向，那么已有的研究文献中，除了刻意地遮蔽或是掩盖芝加哥学派学人对传播研究领域的贡献，凸显四大奠基人的作用之外，在已有的传播研究的地图上，又有多少被遗漏或是被误读的其他故事呢？

　　E·M·罗杰斯曾从19世纪的三个欧洲大师——达尔文、弗洛伊德和马克思——入手，分析传播学的欧洲起源。他认为，传播学1900年以后在美国的崛起，相当程度上受到了进化论、精神分析理论和马克思主义这些欧洲理

―――――――――
① Brown, R. L. "Approaches to the Historical Development of Mass Media Studies." In *Media Sociology: A Reader*, edited by Jeremy Tunstall, 41—57. Urbana: University of Illinois Press, 1970.

② James W. Carey: *The Chicago School and Mass Communication Research*. Edited by Everette E. Dennis & Ellen Wartella. *American Communication Research: the Remembered History*. Lawrence Erlbaum Associates, Publishers. 1996: 21.

③ William David Sloan. *Perspectives on Mass Communication History*. New Jersey: Lawrence Erlbaum Associates, 1991: 3.

④ 虽然在新闻传播学界中，是詹姆斯·凯瑞较早提出了"辉格式研究倾向"，而且也被大多数学者所接受。但是"辉格式研究倾向"这一术语并非是凯瑞创用的，它是由英国史学家巴特菲尔德（Herbert Butterfield）首先提出的。他从分析辉格史学出发，指出19世纪初期属于辉格党的一些历史学家从辉格党利益出发，用历史作为工具来论证辉格党的政见，依照现在来揭示过去和历史。这就是"辉格党式的历史阐释"(the Whig interpretation of history)。在这些历史学家笔下，只要是成功了的革命，就会被赞扬，强调过去的一些进步原则，以及编造一些修正当今的叙述。当然，巴特菲尔德也承认没有一点"辉格式的历史阐释"的历史书写，只能是一种极为理性化的想法。（参见 Herbert Butterfield. *The Whig Interpretation of History*. New York: W·W·Norton & Company, Inc. 1965.）

| 绪　论 |

论的影响。① 他从欧洲思想来追溯传播学的起源，其意义在于从一个重要侧面表明：传播学史本质上是社会科学的历史。罗杰斯在《传播技术：社会中的新媒介》（*Communication Technology：The New Media in Society*）中勾勒了传播科学（communication science）的发展图（如下）②，认为传播科学的起源有两条主线：一条是源自杜威到帕克等美国本土学者的来源；另一条则是以塔尔德、齐美尔为代表的欧洲来源。"关于传播研究的来源起点到制度化，在这幅图上一清二楚，而且迄今为止也没见有人对之提出过异议，看来是得

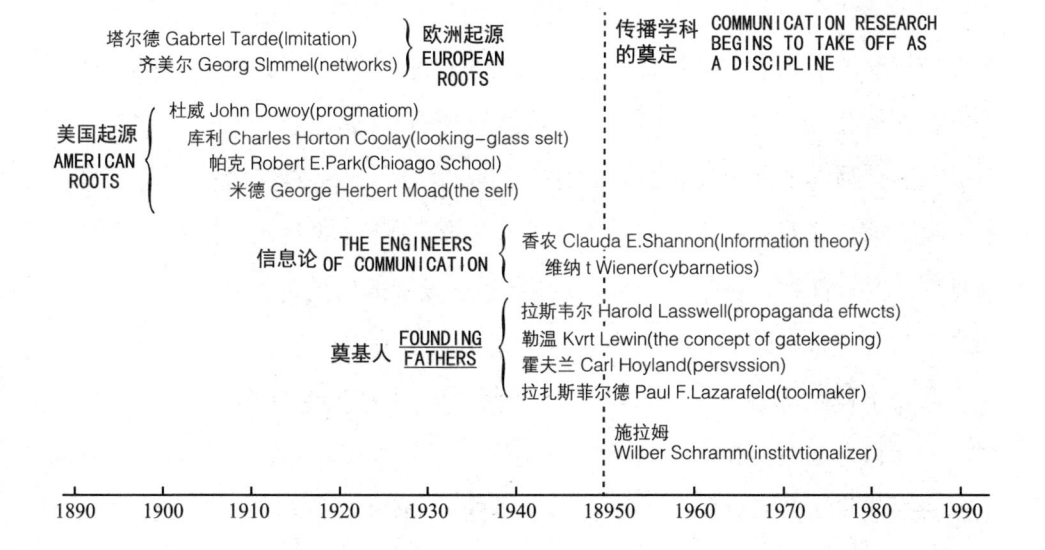

```
                              塔尔德 Gabrtel Tarde(Imitation)  } 欧洲起源         传播学科   COMMUNICATION RESEARCH
                              齐美尔 Georg SImmel(networks)      EUROPEAN         的奠定     BEGINS TO TAKE OFF AS
                                                                 ROOTS                       A DISCIPLINE

  美国起源                     杜威 John Dowoy(progmatiom)
  AMERICAN                     库利 Charles Horton Coolay(looking-glass selt)
  ROOTS                        帕克 Robert E.Park(Chioago School)
                               米德 George Herbert Moad(the self)

                              THE ENGINEERS    { 香农 Clauda E.Shannon(Information theory)
                      信息论   OF COMMUNICATION   维纳 t Wiener(cybarnetios)

                                               { 拉斯韦尔 Harold Lasswell(propaganda effwcts)
                              FOUNDING           勒温 Kvrt Lewin(the concept of gatekeeping)
                      奠基人   FATHERS            霍夫兰 Carl Hoyland(persvssion)
                                                 拉扎斯菲尔德 Paul F.Lazarafeld(toolmaker)

                                                 施拉姆
                                                 Wilber Schramm(institvtionalizer)

  1890   1900   1910   1920   1930   1940   18950   1960   1970   1980   1990
```

---

① 罗杰斯. 传播学史：一种传记式的方法 [M]. 上海：上海译文出版社. 2002：204.
② Everett M. Rogers. *Communication Technology：the New Media in Society*. New York：the Free Press. 1986：72. 选择齐美尔与塔尔德，这也与他选择杜威、帕克等人有关。而 90 年代的传播学史选择了马克思等人，也是为传播学科的四大奠基人的书写做足了功课。罗杰斯的两种不同的选择，都是为了他成书的需要。从中我们就可以充分看到，什么是辉格党式的历史阐释。而至于为何他 90 年代会如此不同于 80 年代，如此大的转变为何而来，这值得我们思考，但不是本文所要讨论的重点。

| 想象与错置：传播学史中的法兰克福学派 |

到人们认同的。可我总觉美中不足，因为上面没有李普曼。"① 美中不足的不仅仅是没有李普曼。在欧洲这条逻辑起点的主线上，他为何会独独挑出塔尔德、齐美尔两人？他们两人之后就没有其他欧洲继承者吗？为何这本写于80年代后期的著作所挑选的欧洲学者，与罗杰斯更为有名的成书于90年代的《传播学史》中那三位大家会有着如此大的区别？罗杰斯的选择标准是什么？背后的动机又是什么？哪一个更能代表传播科学的欧洲起源发展图？抑或两者都不具备相关代表性？

在传播研究中，每当论述及欧洲学者时，德国的法兰克福学派自然是一个无法绕开的点。它常常被描述为与美国主流范式对立面的形象，多半是似乎永远保持着一个与美国主流范式势同水火的对立的姿态。

众多传播学史研究文献常常将法兰克福学派为代表的传播批判研究与美国主流研究范式对立起来，这种简单的"非黑即白"的两元分法也强化了传播批判研究的简约化认识。"从人文社会科学发展的历史进程来看，两种学派的二元对立是常有的事，在某个学科的某个历史发展阶段，这种二元对立往往会激发学科内部各种主张的争鸣，从而使学科的理论变得更加丰富多彩。对立的学科之间常常在研究对象的不同侧面各有所长，在研究课题上各有侧重，如果能将这些长处综合起来，对学科的发展将极其有利。"② 认识论和方法论等存在差异的两个研究范式，在书写过程中通常被过分夸大、凸显了两者的对立面，却缩小甚至忽略掉彼此间的互动与融合。假若过分着眼于传播批判研究对于经验学派的评价，经常使用的字眼是："不优雅""太简单"

---

① 黄旦. 美国早期的传播思想及其流变：从芝加哥学派到大众传播研究的确立. 新闻与传播研究. 2005.1：15.

② 胡翼青. 传播学：学科危机与范式革命 [M]. 北京：首都师范大学出版社，2004：213.

| 绪　论 |

"幻象""形式的和抽象的""更为顺从的和非批判的"①，等等，或过于强调法兰克福学派的介入，才是凸显出经验学派研究方法的对立面的话，那就再次证实我们当下所处的知识界正如路易斯·沃思笔下所描述的那样，充满着相互敌对的情绪。

早期的知识界中似乎有一个共同的参照系，它对知识界的参与者提供了必然的事物的衡量标准，并且给予了他们互相尊重和信任感；当代的知识界不再是一个统一体，而是呈现为相互敌对的派对和相互冲突的学说的战场。各种学说不仅有自己的一套利益和目的，而且有自己对世界的描述，它们把相同的物体描述为具有十分不同的含义和价值。在这样一个世界里，知识交流和达成一致的可能性被降至零点。由于缺乏共同的感知，人们诉诸关于相关性和真理的同一标准的可能性大大减少。②
传播研究领域内批判主义与经验主义二元对立的认识论充斥着路易斯·沃思所说的冲突情绪。即便两者存在着某种不可调和方法论与认识论的差异，但这样化约式的二分法的认识论却具有误导性，遮蔽了两者间的共通性和相关性。如果凯瑞眼中那段美国新闻史的书写是存在"辉格党式的历史阐释"的话，那么这段已经被世人习以为常的历史似乎更具有显著的"辉格式的研究倾向"特征。

"辉格党式的历史关键在于立足现在看过去……因为它把对历史的认识理解为直接地参照现在。通过这种直接参照当前体系，历史人物很容易被划分为促进时代进步和阻碍时代进步的两类人。这样，就产生了一

---

① 殷晓蓉. 战后美国传播学的理论发展：经验主义和批判学派的视域及其比较［M］. 上海：复旦大学出版社. 2000：43.

② Louis Wirth. Perface. From Karl Mannheim. *Ideology and Utopia: An Introduction to the Sociology of Knowledge*. Translated from the German by Lousi Wirth and Edward Shils. New York: Harcourt, Brace & CO., INC. 1954：XXV. 此段文字出自中文译本：卡尔·曼海姆. 意识形态与乌托邦［M］. 上海：上海三联书店，2011：序言，17.

| 想象与错置：传播学史中的法兰克福学派 |

种简单便捷的经验，历史学家依照它任意挑选历史人物或事件，从而突出他的重点。"① "辉格党式会导致将历史叙述戏剧化，往往让历史学家误读某一时代中争论的双方。与现在体系或立场更接近的一方被认为具备更多相似性和合理性，甚至这些未经过太多的研究证明的，原因仅是相似性，并且把它们从历史背景抽取出来，成为他的主要论点。"②

这种站在当下维度，试图通过描述过去的人或事，来解决当前问题的研究方法，常常会遮蔽两者的共通性，想象和夸大彼此的差异。这样的逻辑出发点，所得出的是已预设好的结果。而这样的辉格党式的书写方式却充斥于传播学史的叙述之中。比如，想象或夸大了法兰克福学派与哥伦比亚大学应用社会研究所（Bureau of Applied Social Research）之间的矛盾。阿多诺与拉扎斯菲尔德一次不成功的研究合作，被无限地放大，成了两个学派的研究方法之争，甚至在后来者的描述中，一种势不两立的敌对情绪存在于两个学派及成员之间。由此逐步掀开了以霍克海默、阿多诺等人为代表的批判学派，坚决反对当时美国主流研究范式的经验研究的固有刻板印象。这样的叙述手法，无视了霍克海默、阿多诺等人离开纽约后，在美国西海岸所进行的一系列经验研究，遮蔽了那段在踏入美国这片土地之前，这些法兰克福社会研究所的研究者们早早地在欧洲本土展开经验研究的历史，更是对霍克海默、阿多诺两人在20世纪50年代重返德国后，推广经验研究的举措视而不见。这种着眼在两个学派的差异点，放大或是想象彼此差异的举措，似乎是为了迎合当时美国传播学者面对本土学科范式危机的无奈之举。批判研究和经验研究（亦是行政研究）、定性和定量、理论和应用等各种各样的对立论纷至沓

---

① Herbert Butterfield. *The Whig Interpretation of History*. New York：W·W·Norton & Company，Inc. 1965：11.

② Herbert Butterfield. *The Whig Interpretation of History*. New York：W·W·Norton & Company，Inc. 1965：34.

来。这些未被加以审度、被简约化的二元对立,逐渐演变成一个个"常识"。这些传播学者的研究视野与方法与"辉格党历史学家站在20世纪末,从自身所处的时代视角来审视对历史的看法"① 多么相似。

不可否认的是,来自欧洲大陆的法兰克福学派学者与美利坚大地的传播研究者间的确存在着方法论、认识论等差异。或许这些差异委实让双方难以接纳彼此,也可能在合作中产生不愉快,但是无论如何,这些都无法成为只见两者差异,却无共通性的借口。正是这种"把过去与现在联系起来的方式,让叙事更为容易,并能由此得出简单明了的结论。但这也简化事件或人物间的关系,导致对过去与现在关系的误解"。② 如果以方法层面的差异,作为评判两者关系标准的话,那并不只有法兰克福学派与哥伦比亚学派存在差异,同属于批判研究阵营的英国文化研究、政治经济研究及法国后结构主义等,与美国主流传播研究范式也存在着差异,但他们却没有被塑造或想象成经验研究的对立面。回到美国,即便在哥伦比亚大学社会学系内部,对研究方法的取舍亦有不同的声音,最为典型的代表就是拉扎斯菲尔德与默顿。同在1941年被聘于哥伦比亚大学的拉扎斯菲尔德与默顿两人的合作相对成功,即便没有达成两人预期的中层理论,但一系列的研究成果仍令学界满意。殊不知正是出于当年哥伦比亚大学社会学系对方法认识的不统一,无法就教职达成共识,方才同时聘用了偏重理论研究的默顿与侧重方法研究的拉扎斯菲尔

---

① Herbert Butterfield. *The Whig Interpretation of History*. New York:W・W・Norton & Company, Inc. 1965:13.

② Herbert Butterfield. *The Whig Interpretation of History*. New York:W・W・Norton & Company, Inc. 1965:14.

| 想象与错置：传播学史中的法兰克福学派 |

德。① 这也算是社会学系两种不同研究立场僵持后的妥协。在哥伦比亚大学社会学系，罗伯特·林德（Robert S. Lynd）支持拉扎斯菲尔德，而罗伯特·麦基弗（Robert M. MacIver）则倾向默顿。而对于林德的支持和帮助，拉扎斯菲尔德是非常感激的。从拉扎斯菲尔德把1940年出版的 Radio and the Printed Page: An Introduction to the Study of Radio and Its Role in the Communication of Ideas 一书献给林德夫妇略见一斑。② 而作为拉扎斯菲尔德社会学系同事的怀特·米尔斯（Wright C. Mills），在与前者的几次合作后，始终无法接受其研究方式。米尔斯的代表作《社会学的想象》（The Sociological Imagination）更是对拉扎斯菲尔德的研究方法做出了尖锐的批判。但是这些同处一个系，甚至同一个阵营的同事们对于方法论的不同认识甚至冲突，却很少被想象或夸大成范式间的冲突。

自从学科奠定以来就未消停过的学科范式危机，容易让传播学者思考问题处于对学科范式危机思考的起点，把过去与当前直接联系起来的方式，简化事件、人物之间的关系，造成对过去与现在关系的误解。这种做法正是巴特菲尔德所要批判的，"通过利用与我们观点更为相似的那些历史人物或党派，同历史做对比，就找到了现成的历史结构。"③ 二元对立的研究格局使得传播研究陷入了一个怪圈：仿佛离开了这种非此即彼、二律背反的理论程式，传播研究再无其他演进的方式和向上的动力了。这种二分法，简化了批判学

---

① 参见 Peter Simonson and Gabriel Weimann. Critical Research at Columbia: Lazarsfeld's and Merton's "Mass Communication Popular Taste, and Organized Social Action". From edited by Elihu Katz, John Durham Peters, Tamar Liebes and Avril Orloff. Canonic Texts in Media Research: Are these any? Should there be? How about these. Malden: Polity Press. 2003: 18.

② Paul F. Lazarsfeld. Radio and the Printed Page: An Introduction to the Study of Radio and Its Role in the Communication of Ideas. New York: Duell, Sloan and Pearce. 1940: the title page.

③ Herbert Butterfield. The Whig Interpretation of History. New York: W·W·Norton & Company, Inc. 1965: 29.

| 绪　论 |

派的研究方法，单一地认为他们的研究只是一种以意识形态的全面否定来展开的，同时也无视了美国传播研究中除经验学派之外的其他研究范式。

　　同时值得深思的是，二元对立中的"法兰克福学派"，是否真的存在。不同于芝加哥学派几代学者研究方法或研究问题的相似性，法兰克福学派能否被统一成一元，本身就是一个问题。身为学派的两代代表人物——霍克海默与哈贝马斯——就存在着较大差异。虽然两者身为法兰克福学派不同时期的领军人物，都对批判理论的发展作出了重大贡献，但不能掩饰这两人不同的研究取向。哈贝马斯不满意社会研究所对于理论无系统化的状态。随着1957年两人意见分歧的公开化，到1958年底，霍克海默对哈贝马斯的容忍到达了极限，以致哈贝马斯在1959年离开法兰克福社会研究所。霍克海默与哈贝马斯的学术分歧，不亚于霍克海默、阿多诺与拉扎斯菲尔德间的分歧。但在已有的传播学史中，对于这两点，我们都很难见到相对公允的描述与评价。即便不提这些分歧，回到哈贝马斯那本重要的两卷本著作《交往行为理论》(*The Theory of Communicative Action*)。哈贝马斯在书中用了相当多的篇幅讨论了米德的社会心理学理论。"哈贝马斯是主张一种实用主义哲学观的，至少，他认为，实用主义哲学观相对于救世神学哲学观，在当前更加明智，也更有现实意义。不难看出，哈贝马斯的这一立场和他一贯奉行的打通德国唯心主义哲学和美国实用主义哲学的主张是完全一致的。当然，哈贝马斯所主张的实用主义哲学观决不是实用主义哲学自我理解的简单复制，而是他的一种自我建构，其基础是交往行为理论……目的只有一个，那就是更好地激发起哲学的社会批判潜能。"[①] 哈贝马斯在《交往行为理论》中用较大篇幅论述米德的观点，他试图将米德、涂尔干、帕森斯和韦伯的理论，与法兰克福学派第一代学者的观点进行全面的比较和综合。哈贝马斯身上有着美国实用主义哲

---

① 曹卫东. 曹卫东讲哈贝马斯 [M]. 北京：北京大学出版社. 2005：41.

| 想象与错置：传播学史中的法兰克福学派 |

学的浓厚印记。哈贝马斯对美国实用主义哲学的认可，及其对批判理论的重新审视和试图改良，是霍克海默、阿多诺这些法兰克福学派第一代学者所不能理解和接受的。法兰克福学派内部前后两代学者在学术研究路径上的大相径庭，就体现了研究的一次重大转向。学派自身是否可以构成一个统一的一元，就要打上问号。假若这个早已被作为"常识"来接受的两元对立，其中内部是不统一的，本身无法构成一个整体，那么，两元对立更是无从说起了。

但是，具有辉格式阐释倾向的历史终究也是历史，并非所有的细节都是杜撰的，可能更多的是对于一些细节更具主观性的阐释，而对于另一些细节则采取了忽略的方式。当然，法兰克福学派的学者也不是处于被动、任人摆布的地位。批判理论正是法兰克福社会研究所的成员流亡至美国期间形成的。批判理论诞生之初，并未引起全世界瞩目。20世纪60年代新左派运动，尤其美国大学生运动的兴起，使得美国学术界对批判理论产生了兴趣。在这种政治运动形式之下，法兰克福学派在其返回德国近20年之后，从幕后走向了前台。当然，不能就此说，没有美国，就不会有批判理论。但是，可以确定的是，没有美国的流亡经历，批判理论未必会成为这番景象。

由此，作为批判理论的代表——法兰克福学派，无论是从自身学术理念的发展轨迹，还是跟哥伦比亚应用社会研究局的合作经历，甚至自己开展的一系列经验研究，很难跟传播学史中所描述的——与美国主流传播研究范式对立的情景匹配起来。既然如此，那为何绝大部分的学科史要如此书写这段历史？在这些历史情景之中，哪些细节被遮蔽了？哪些情景或冲突被夸大、凸显了？等等问题，都是本研究将要涉及的问题。

| 绪 论 |

第二节　研究视角与方法

美国学者凯利（Donald R. Kelley）指出："思想史不仅研究伟人的思想，而且重视小人物的想法；不仅应探讨观念本身的内涵，而且应考察观念如何被书写、被阅读、被传播、被接受、被利用。作为思想史研究方法的历史语境主义也开始赢得了越来越多的关注。"[1] 因此，对已有传播学史的书写方式，是本研究的起点。历史语境主义的研究方法，也是本研究需要借鉴的方法。

历史语境主义的代表，昆廷·斯金纳（Quentin Skinner）认为，传统的、单纯依靠经典的思想史研究形成了两种"神话"：第一种神话是"学说的神话"，也就是研究者期待着"发现"某一位特定经典作家在某一特定论题上阐明了某种特定学说，这种神话容易造成如下危险：第一，以偏概全，也就是将经典理论家的某些零散的论述改造成指定命题的学说；第二，强加因果，强加给作者某些想法意思；第三，观念先行，就是要找出后世学说的前世预告，以及关于概念的语义学争论；第四，以今疑古，就是以当代的理论去批评作者的缺陷。第二种神话是"一致的神话"，也就是无视一种事实——一位特定的经典作家有可能前后矛盾，其思想有可能不成体系，这种对一致性的追求容易造成如下危险：首先，"强行统一"，也就是把不成体系的思想体系化，把不一致的思想一致化，不惜虚构一个更高的信念系统，以解决作者

---

[1] Donald R. Kelley. What is Happening to the History of Ideas? *Intellectual News*，1996，No. 1，p. 47. 转引自马凌. 共和与自由：美国近代新闻史研究 [M]. 上海：复旦大学出版社. 2007：49，51.

| 想象与错置：传播学史中的法兰克福学派 |

明显的自相矛盾；其次，"寻找托词"，也就是认为作者处于"被迫害时期"，必须从字里行间去理解他的"微言大义"。更进一步，除了这些"依赖经典"而易犯的错误，斯金纳还指出了思想史研究的另外三种"神话"：其一是"预期"神话，也就是不顾作者本人的意图，强调某种论点的当代意义；一种是"影响"神话，也就是没有事实证据，主观臆断出某种知识谱系；还有一种是"抽象"神话，也就是研究者有意无意地将思想概念化，而忽视了其中的异质成分。[①]

已有的传播学史的种种问题，似乎都已被囊括在上述斯金纳对思想史写作的批判之中。为避免这些"神话"的出现，在写作中，要尽量地回归历史。就此，对于文本的解读，应该选择偏向高度语境化（hypercontextaulisation）的解读方式。[②] 在曼海姆看来，人类知识史上任何两个时期便只能根据这一事实进行区分：在前一个时期，某些事物尚未被了解，某些错误仍然存在。这些错误通过以后的知识完全得到纠正……然而，对文化科学史而言，前一个阶段并不是如此简单地被后一个阶段所取代，而且，也不那么容易证明先前的错误后来得到了纠正，每个时代自有其全新的看法和其特殊的观点，因此每个时代均以新的"视角"来看待"同一"事物……如果我们不能将一个断言与断言者的立场联系起来，我们将不会认清这个断言，那么，关于该

[①] 参见 Quentin Skinner. Meaning and Understanding in the History of Ideas. *History and Theory*. 1969. Vol. 8. No. 1：pp. 3—52. 转引自马凌. 共和与自由：美国近代新闻史研究 [M]. 上海：复旦大学出版社. 2007：46 - 47.

[②] 法国阐释哲学家保罗·利科认为，对于文本有两种解读方式：一种是高度语境化（hypercontextaulisation），另一种是去语境化（decontextaulisation）的解读。前者力图从作者所处的具体社会语境中理解文本，尽可能将文本还原成作者的言说，从而领会作者的本意；后者则倾向于从解读者自身的问题关怀出发，从文本中发现可以运用于其他社会语境的思想资源。参见《新闻传播学译丛·大事经典系列·总序》，见阿芒·马特拉，米歇尔·马特拉：《传播学简史》，中国人民大学出版社，2003 年，第Ⅲ页。

| 绪　　论 |

断言的效力，这种关联过程能告诉我们什么呢？① 曼海姆的观点与巴特菲尔德较为相似，后者也认为"所有人采取的行动，都是场景的一部分，它在特定时刻制约将要发生的事情。要理解这种行动，就要找回与它有联系的线索，将它置于联系的整体或体系之中，也就是需要把它置入历史背景。这样的话，得出跟它相关的结果就不太容易，因为与此相关的各种作用、因素都融合在一起"。②

笔者选择法兰克福学派在整个传播研究发展阶段中，那些对传播研究有所涉及，并值得被关注的情节、冲突，及其学派内部的转型作为本书各章节的研究重点，从而展现它在传播学史中的误读、误解，以及与美国主流研究范式等偏见间的冲突与斗争。为此，在讨论法兰克福学派学者的文本时，笔者将其放回特定的历史环境之中，尽可能进行设身处地的解读。只有这样，才能通过比较看出，已有的哪些观点隶属于不同学派之间的偏见，哪些文本在被解读之前就已被歪曲。即便是就传播学史上已有的"错误"观点，也力图先以同情之理解解读其产生的时代背景与社会背景，而非直接扯断与断言者立场之间的关联，进行批判之审视。

将法兰克福学派的哪些学者、哪些情节作为研究对象，又决定了是否能够较为清楚、全面地展现学派在传播学史中的地位，以及本书中要阐述的问题。因此，这意味着笔者要对学派中的学者进行一番取舍。

笔者的研究和讨论，既不在也无法为法兰克福学派立传，也不在研究其中某位学者的思想，更无意对研究对象做盖棺之论，或是推翻、取代已有的

---

① Karl Mannheim. *Ideology and Utopia: An Introduction to the Sociology of Knowledge*. Translated from the German by Lousi Wirth and Edward Shils. New York: Harcourt, Brace & CO., INC. 1954: XXV. 该段文字采用了中译文内容，参见于卡尔·曼海姆. 意识形态与乌托邦[M]. 上海：上海三联书店，2011：270—271，282.

② Herbert Butterfield. *The Whig Interpretation of History*. New York: W·W·Norton & Company, Inc. 1965: 20.

| 想象与错置：传播学史中的法兰克福学派 |

传播学史中的结论。笔者只是试图把法兰克福学派重新放到20世纪30年代以后传播研究的环境之中，以及学派内部环境变化的背景中，考察并理解身为哲学家的他们，为何会进入传播研究领域，又是如何流亡至美国后去认识不同于欧陆文化的大众文化，他们又是如何被美国学者所认识，以及学派内部为什么会有这样或那样大相径庭的适应方法及其不同的结果。

"对于西方思想史，I·柏林（I. Berlin）区分出了两类思想家，即所谓'刺猬型'与'狐狸型'；而对于德国思想史，则有评论家进一步分别为所谓'璀璨的明星型'与'永恒的星座型'，前者以康德为代表，后者以康德的学生赫尔德为典型。一般而言，人们都看重前者，而轻视乃至忽视或无视后者。这大概也正是赫尔德一直默默无闻的根本原因吧。如果我们把这种区别方式引申到20世纪德国思想史上，特别是法兰克福学派身上，很容易就会得出这样的结论，即阿多诺是'璀璨的明星'，而霍克海默则是一颗'永恒的星座'。"[1] 这或许只是一种具有浓烈个人感情色彩、相对"娱乐化"的学术评价方式。对于某些学者的评价标准，不仅与其所在学科领域、所处的时代背景紧密相关，而且也与所选取的比较对象有关。但是，这也无妨我们把法兰克福学派引申到整个西方思想史的维度上，就能看到，与霍克海默相比，曾是"璀璨的明星"的阿多诺，在哈贝马斯面前，也只能是一颗"永恒的星座"。笔者在此无意比较"明星"与"星座"各自的作用与重要性。引用上述比喻，是想表达人物的选取，犹如一个参照系。选取得当，就能在有限的历史文本中，通过散点透视的方式，展现出法兰克福学派在传播研究发展上的贡献与意义，重现那些一直以来被遮蔽了的历史情节。身为法兰克福学派两个时期的学术领军人物——霍克海默与哈贝马斯，势必要成为笔者的研究对象。

---

[1] 曹卫东. 霍克海默集 [M]. 上海：上海远东出版社. 1997：1.

| 绪　　论 |

在一篇纪念文章中,哈贝马斯高度评价了先前跟他有矛盾的霍克海默,他说道:"30年代,来自法兰克福学派的一批理论家在纽约相互协作,形成了一个学派,其中,霍克海默的地位比较特殊。他总揽大局,但这不只是因为他是研究所的所长和杂志的主编;他也无可争议地堪称是素有合作研究项目的'主心骨'。但是,他除了占据着这样一种核心地位之外,还有另外一面很少为人所注意,这就是:同他的任何合作者相比,霍克海默自身的哲学著作都很难从围绕着他所形成的流亡知识分子群体的集体贡献中区别出了。霍克海默一直都是一个后来被称为'法兰克福学派'的集体代名词,他比所有其他成员都更坚决地捍卫这个学派。"①

既然选择了霍克海默,就难以跳过阿多诺。阿多诺,作为霍克海默在美国流亡时期最重要的学术合作伙伴,并且是唯一追随霍克海默返回法兰克福,重建社会研究所的第一代成员。哈贝马斯能够进入法兰克福社会研究所,也与阿多诺有着直接关系。某种程度上,阿多诺成为霍克海默与哈贝马斯两人沟通的纽带与桥梁。甚至可以说,20世纪70年代开始,经验学派对批判学派的质疑与批判,通常所指的对象就是霍克海默与阿多诺两人一同代表的批判学派的形象。基于此,霍克海默、阿多诺与哈贝马斯是笔者笔下的主要人物,将他们三人的研究爬梳、整合,展现出一条相对清晰的法兰克福学派传播思想的发展轨迹。对于这三位学者之外,学派中较为重要,又对当时世界认识学派产生了重要影响的学者,如马尔库塞、洛文塔尔等,是笔者重点论述上述三人之外的一条副线。对他们的论述整理篇幅或许会少于前者,但并不意味着他们的重要性小于前者。本书也不以时间作为进展顺序,而是以传统意义上传播学史发展进程中具有转型意义的节点展开。

---

① 参见 J. Habermas: *Max Horkheimer: Zur Entwick lungsgeschichte seines Werkes*, 载 Texte und Kontexte. 转引自曹卫东. 霍克海默集 [M]. 上海:上海远东出版社. 1997: 2.

| 想象与错置：传播学史中的法兰克福学派 |

　　黄修己强调"我们撰写文学史，大概也有两条思路，或'我思故史在'，或'史在促我思'。前者是先有个对历史的看法，然后依照这一看法整理史实；后者则从整理史实入手，在这一过程中受到客观事实的触动、促发而产生某种认识，形成某种见解、理论。从一般的认识过程来说，总是事实在先，然后才能够去认识它"。① 研究对象决定了本书探讨的是在传播学科建制之初的传播研究，可能拥有哪些思想资源以及社会性支持，也即在学术前史的时空范畴内展开考察。这多少将会是一种偏于主观的、心理的甚至有些偶然的"发现的语境"（而非"证明的语境"）②。笔者希望在研究过程中，更多的是以一种"史在促我思"来看待对象，尽可能地减少过多的主观建构。

---

① 参见黄修己：中国新文学编纂史（第二版）[M]．北京：北京大学出版社．2007：9．
② "发现的语境"指的是科学家获得一个特定理论的实际历史过程；"证明的语境"则指理论已经存在时，科学家证明他的理论所使用的方法：包括检验理论、寻找相关证据，等等。参见奥卡沙：《科学哲学》，南京：译林出版社，2009。

第一章 传播学史与身处其中的批判学派

为何大量的大众传播研究史或者传播研究史中,身处欧罗巴的法兰克福学派会成为美国主流传播研究范式的对立面,被树立为一个迥异于经验研究的研究范式典型呢?而欧洲这片土地上的其他研究团体,如奥地利维也纳学派为何又不入美国传播研究的法眼?这些选择和被选择,都与当时的社会环境、时代背景、传播学科乃至整个美国人文社科领域的范式危机相关。

法兰克福学派最早是指建立在德国法兰克福的社会研究所的成员们。随后,其范围逐步扩大,一度成为批判理论的代名词,是新马克思主义中影响较大的一个分支。福柯曾说:"如果我能及时了解法兰克福学派的话,我肯定会节省很多劳动。那样我就不会说一大堆废话了,也不会为了避免迷路而尝试那么多错误的途径——当时法兰克福学派已经把道路清理出来了。"[①] "法兰克福学派"这一名称的由来,一种说法是20世纪60年代由局外人给法兰克福社会研究所贴上的标签,另一种说法是在1965年2月13日霍克海默70岁大寿之时,由马尔库塞首先提出来的。具体由来,已无从考证。但是,霍克海默、阿多诺等倒是颇为喜欢,并开始使用这个名称。由此,该称呼流传开来。

---

① 罗尔夫·魏格豪斯.法兰克福学派:历史、理论及政治影响[M].上海:上海人民出版社.2010:7.

| 想象与错置：传播学史中的法兰克福学派 |

法兰克福学派的"前身"是1924年成立于法兰克福的社会研究所。它由富商巨贾韦尔父子出资筹建，希望建立一所马克思主义研究所。法兰克福社会研究所是当时德国继科隆社会研究所之后的第二个社会科学研究所，卡尔·格吕恩堡成为研究所的第一任主任。身为一名学究式的马克思主义者，他把研究所的目标定位于研究社会主义和工人运动史。而当时研究所所在的法兰克福提供了得天独厚的条件。和德国其他城市相比，法兰克福的犹太人人口比例是最高的，而且它是仅次于首都柏林的第二大犹太人聚居区。在这个城市，上层阶级热心于捐资兴建与社会研究、社会政治研究或经济学研究相关的教育机构，中产阶级中有一部分人对社会主义和共产主义抱有同情的心理。而当地的沙龙和咖啡馆共同形成了中产阶级自由生活的灰色地带。①这位终身信奉马克思主义的学者，在1928年因中风停止工作之前，格吕恩堡已经为社会研究所营造出了当时德国学术界内独一无二的学术环境。20世纪20年代末，法兰克福这座城市的学术环境优势显而易见，不少出类拔萃的学者乐意接受法兰克福大学教席。法兰克福大学甚至被认为是当时德国大学中最自由、最现代的高校。法兰克福大学的各类研究所或是该领域最早创立的，或是同类研究的佼佼者。

格吕恩堡因身体原因，无法再担任社会研究所主任之际，主任这一位置自然成了众多学者眼中的香饽饽。在韦尔、政府部门与法兰克福大学就格吕恩堡继任者问题的三方博弈之后，并未是热门人选的马克斯·霍克海默因种种偶然因素而意外胜出。霍克海默一上台，就推出了不同于格吕恩堡的各种

---

① 我们似乎可以从法兰克福学派第一代、第二代学者们的出身及部分相关研究成果中，窥探出法兰克福这一城市所具备的种种与众不同的条件所带来的影响，比如社会研究所早期的成员几乎都是犹太人的出身背景，而且家庭经济都较为富裕。研究所早期的研究极为关注欧洲社会主义政党、马克思主义、社会主义和工人运动等，以及哈贝马斯的公共领域等方面，都可见法兰克福对他们的研究所带来的影响。

第一章 传播学史与身处其中的批判学派

举措,虽然他声称这绝不是与格吕恩堡的一种决裂,但是霍克海默把研究所的重点从先前的社会史、工人运动史转移至社会理论的研究,用《社会研究学刊》替代了先前研究所的学刊《社会主义和工人运动历史文献》,甚至把之前所看重的经济理论和工人运动史等领域的研究退居次要地位,以个人研究的方式,和研究所新侧重的社会理论研究共存下去。研究所的重心转移,也决定了研究所中成员圈子的变化。一个在当时看似有点意外的人事决定,却在日后直接改变了社会研究所的命运。[1]

20世纪30年代处于资本主义社会及资产阶级腐朽衰败,法西斯主义突进,而社会主义陷入停滞状态的时代。这也正是法兰克福社会研究所处改弦更张的时代背景,而法兰克福俨然成为当时所有关注社会理论的思想汇集之地。一个关心社会理论的研究所,为何会与大洋彼岸的一门社会科学扯上关系呢?这也与如何理解Communication这一词,以及当时的社会背景有着极大的关联。

第一节 Communication是什么?

Communication一词,在当下被译为"传播",而在刚进入大陆学界之际,其也被翻译为"交通"。出自拉丁语"communicatio"的communication,在现

---

[1] 该部分有关法兰克福学派、社会研究所的内容参见 Rolf Wiggershaus: *The Frankfurt School: Its History, Theories, and Political Significance*. Translated by Miachael Robertson. Cambridge: The MIT Press. 1994, Martin Jay: *The Dialectical Imagination: A History of the Frankfurt School and the Institute of Social Research*: 1923—1950. London: Heinemann Educational Books Ltd. 1974, Tom Bottomore: *The Frankfurt School and Its Critics*. New York: Routledge: 2002.

| 想象与错置：传播学史中的法兰克福学派 |

代词义中，还有"交流""交往""沟通"等意义。而当下把 communication 更多地等同于"传播"，也与 20 世纪 80 年代施拉姆的研究被引介入中国有关。其著作 Men, Women, Messages, and Media: Understanding Human Communication 分别被译为《传媒·信息与人：传学概论》（1983 年香港海天书楼）与《传播学概论》（1984 年新华出版社），进入中国。虽然余也鲁在此书中用的是"传学"一词，各章节标题为"传的过程""传的作用""传的符号"等，但是其本意是"仿哲学，数学，为此科的研究定位为'传学'"[1]。实质上，这里"传学"即是"传播学"，章节内容也有所印证。新华出版社的译本也是沿用了余也鲁的译法。"新华本对于中国从包括术语界定在内的'传播学'学一直到本土的传播学的学科创建之重大影响，是学界有口皆碑的。"[2]

就此，communication 一词，就自动与中文词语"传播"对应起来。假若跳出这个思维框架，还原 communication 原有的内涵，如交流、交往等，那么视野或许会更加宽阔，对于已有的一些问题的认识也会随之有所改观。如对哈贝马斯后期的著作《交往行为理论》（德文名为 Kommunikations Throie，英译本名为 The Theory of Communicative Action）的理解等。

"交流（communication）是一种现代概念，虽然该词出现于 14 世纪，但开始时只是指'聚会的方式'，到了 16 世纪，变成了'被传达的信息'；直至 20 世纪，它才得到公认并被广为运用。这个概念变得如此重要，部分要归因于诸如广播及电视的所谓'大众'传播方式在质与量上的飞跃发展。当涉及古希腊时，两个问题会立即被提出来。将现代的概念应用于古代是否合乎

---

[1] 宣韦伯. 传媒、信息与人：传学概论[M]. 北京：中国展望出版社. 1985：代序 XI.
[2] 埃里克·麦格雷. 传播理论史：一种社会学的视角[M]. 北京：中国传媒大学出版社. 2009：译丛代序 7.

情理？若是，我们是否应考虑到交流的现代理论。"① 克琳娜·库蕾的《古希腊的交流》正是用"交流"这一概念作为分析古代文明的工具。她将一个现代的概念应用于古代的合理性，更是认为"交流的概念是了解当代社会的关键"。在这点上，对"交流"的理解，库蕾与彼得斯有着相似之处。前者是把一个广为运用的现代概念作为工具去分析古代文明，彼得斯则直接把这一概念作为研究的逻辑起点，思考"交流"为何在20世纪初成为一个问题，会有这么多学者来关注研究此问题。沿着库蕾和彼得斯的思路，可以发现communication的内涵与外延远远丰富于以往较为单一化的理解。彼得斯与施拉姆的传播学史的差别也能初见端倪。在前者眼中，有关传播这一概念所包含的范围更广，杜威、海德格尔、哈贝马斯等人都囊括其中。而后者，更多地聚焦在以技术为核心而发展起来的媒介研究之上。

"交流是一个典型的20世纪观念"②，"尽管今天的'交流'问题，一直是人类挥之不去的问题。从洞穴时代到后现代，只有到了詹姆斯③所处的时代，交流才获得了宏大而打动人心的属性"④，"在19世纪80、90年代之前，没有人会把'交流'这个词剥离出来，把它单独作为一个明显的问题。"⑤ 与此同时，彼得斯还看到20世纪以后有两个时间节点，交流的观念成为思想论争的热点：20世纪20年代和40年代前后的两段时间——分别以两次世界大战为中心。尤其是始于第一次世界大战的论争，使得传播研究的脉络清晰起

---

① 克琳娜·库蕾. 古希腊的交流 [M]. 桂林：广西师范大学出版社. 2005：引言1.

② John Durham Peters：*Speaking into the Air*：*A History of the Idea of Communication*. The University of Chicago Press：Chicago and London. 1999：P1.

③ 威廉·詹姆斯，William James（1842—1910）：美国哲学家和心理学家。他是美国最早的实验心理学家之一，与查尔斯·皮尔斯一起建立了实用主义。

④ John Durham Peters：*Speaking into the Air*：*A History of the Idea of Communication*. The University of Chicago Press：Chicago and London. 1999：P5.

⑤ John Durham Peters：*Speaking into the Air*：*A History of the Idea of Communication*. The University of Chicago Press：Chicago and London. 1999：P10.

| 想象与错置：传播学史中的法兰克福学派 |

来，厘清了交流这一概念的各种说法。当时，对于交流的看法主要有五种：李普曼、卢卡斯等人提出的"交流可以操纵公众舆论，它具有造就或摧毁政治秩序的力量"的观点。语义学家把交流作为消除语义不协调的手段，以为是打开一个通向更加理性的社会关系的道路。卡夫卡等文学家以各类作品，表达交流是一道无法逾越的障碍。海德格尔与杜威都从反对"唯我论"出发，但又在交流的本质问题上，产生了迥然有别的结论。前者主张的交流是有危险的，源自交流不可靠的本质；杜威的交流观，则放在双方共享一个处境的立场上，指参与一个共同的世界。① 彼得斯还认为二战之后，交流更是依靠技术话语和治疗话语两种话语形式得以发展壮大。前者把战争、官僚主义和日常生活中的东西变成了一门科学技术；后者主要发生在心理学，尤其是人本主义心理学之中。② 正如库蕾所言，"交流的现代理论的出发点都归结于一个独特的问题——一条信息的传播、'群体'的运作、社会关系。"③ 在《交流的无奈：传播思想史》中，彼得斯对于交流（communication）的理解则是从詹姆斯的"我"与"非我"的主客体关系层面上出发，把交流看作是人类生存进化的一条主线，而非仅仅是语义问题、信息技术的问题，更是涉及政治、伦理与哲学维度的问题。这种从本原方面对传播思想的探究，也为我们理解传播研究的发展轨迹提供了新思路。鉴于此，再回过头来，观望詹姆斯·凯瑞、贝雷尔森等在20世纪不同时期的众多学者对于传播学史的论争

---

① 参见 John Durham Peters：*Speaking into the Air：A History of the Idea of Communication*. The University of Chicago Press：Chicago and London. 1999：pp. 10—19.

② John Durham Peters：*Speaking into the Air：A History of the Idea of Communication*. The University of Chicago Press：Chicago and London. 1999：pp. 20—27. 虽然彼得斯承认这两种话语，赋予了"交流"以理解、合作、共享、博爱等意义，但他本人更为重视它们所无法看到心灵交流之难以驾驭的方面，没有看到交流设计人的生存状况，具有无法理解的复杂纽结。在终极意义上，这两种方法仍然无法彻底解决交流的问题，无法真正帮助当代人从交流的困境中摆脱出来。基于此，彼得斯对两者是持有一种批评否定的态度。

③ 克琳娜·库蕾：古希腊的交流［M］. 桂林：广西师范大学出版社. 2005：引言1.

时，一些问题也就迎刃而解了。

彼得斯的逻辑起点是迥异于施拉姆的，在此并不是评判高下，是想强调两者的差异点在何处。方文在论述社会心理学演化时，强调"学科发展史，是学科理智史和学科制度史的双重动态史"。假若以方文的认识来看，彼得斯的观点是属于学科理智史范畴之内，而施拉姆的书写策略则是学科制度史的典型范例。"以社会认同论为解释框架，特定学科的知识行动者，是依照特定的分类标准而组成确定的群体。这种标准，首先是基于特定学科确定的研究传统、研究主题、方法体系和学科问题域，或学科的'研究纲领'。……通过与外群体的社会比较，特定学科的知识行动者，强化其学科内部的同质性和学科外部的同质性。在建构自身学科的社会认同的同时，不同学科群体的知识行动者，往往处于矛盾和冲突之中。"[1] 当时在施拉姆面前的是，一个尚未被建构起来的学科。而彼得斯等后来者面对的是，一个已经完成构建的学科。犹如施拉姆是站在一块空地，他要做的是自我规划出一份蓝图，选取他所要的材料，从而达到建制的目的。彼得斯却是身处于业已完工的建筑物之中。由此可见，两者对于问题的思考维度是大相径庭的，各自的逻辑起点亦不同。

第二节 施拉姆书写的学科建制史

1959年，传播学者伯纳德·贝雷尔森（Bernard Berelson）在《舆论季刊》（*Public Opinion Quarterly*）发表了一篇题为《传播研究现状》（*The State of Communication Research*）的文章。他开门见山，第一句话就直接表明自己

---

[1] 方文. 学科制度和社会认同 [M]. 北京：中国人民大学出版社. 2008：31.

| 想象与错置：传播学史中的法兰克福学派 |

对当下传播研究的态度，认为传播研究正在"逐渐式微"（the state is withering away）。他回顾了传播研究的历史，把25年来的传播研究分成了四个主要进路（major approaches）：（1）以拉斯韦尔为代表的政治学进路；（2）以拉扎斯菲尔德为代表的抽样调查的研究进路；（3）以勒温为代表的小群体研究进路；（4）以霍夫兰为代表的实验心理研究进路。还有六个次要进路（minor approaches），它们分别是：（1）以新闻自由委员会为代表的改良主义进路；（2）以里斯曼、英尼斯为代表的历史学进路；（3）以Casey、Nixon、施拉姆为代表的新闻工作进路；（4）以香农和韦弗为代表的数学进路；（5）以奥斯古德为代表的心理语言学进路；（6）以鲁奇和贝特森为代表的精神治疗进路。[1] 同时，他认为"在勒温去世，拉斯韦尔、拉扎斯菲尔德、霍夫兰他们三人相继离开这个领域，回到最初的领域……传播研究在经历了25年的迅速发展之后，正进入了一个停滞不前的时期"，并把传播研究总结为"10年或25年前，那些学者们的研究给传播研究带来了很多活力，但是这些伟大思想（great ideas）已经消磨殆尽，至今没有可与其相匹敌的新思想可以脱颖而出，或取而代之"。[2]

对此，施拉姆并不同意贝雷尔森的看法，他认为："在拉斯韦尔、拉扎斯菲尔德、勒温和霍夫兰这'四大奠基人'的离去之后，传播研究不仅没有停滞不前，而且在理论和方法上都有长足进步。"[3] 而面对贝雷尔森传播研究正在消亡的悲观判断时，施拉姆回应道："我们通常会忘记传播研究本来就是一个领域（a field），而非一个学科（a discipline）。在有关人的研究中，它是一

---

[1] Bernard Berelson. *The State of Communication Research*. in *The Public Opinion Quarterly*, VOL. 23, No. 1 (1959), pp. 1—4.

[2] Bernard Berelson. *The State of Communication Research*. in *The Public Opinion Quarterly*, VOL. 23, No. 1 (1959), pp. 4—5.

[3] 刘海龙. 大众传播理论：范式与流派 [M]. 北京：中国人民大学出版社，2008：35.

第一章 传播学史与身处其中的批判学派

个重要的十字路口,以至于很多人都会经过它。即便是极少一部分人留了下来,但是途经于此的不同学科的学者们,都给传播研究领域带来他们各自的研究方法与见解,如拉斯韦尔、默顿……"① 虽然贝雷尔森与施拉姆有关"传播研究的未来何去何从"看法不一,他俩对此问题的出发点并不一致,可以说他们并不在同一维度上看问题。但是,在拉斯韦尔、拉扎斯菲尔德、勒温及霍夫兰作为四大奠基人的问题上,他们并没有分歧。"罗杰斯猜测,正是贝雷尔森和施拉姆的争论,启发了施拉姆,把这四位学者的研究看作是传播研究的开端,形成了所谓传播研究的'四大奠基人'的神话。"②

施拉姆在《美国传播研究的开端》(*The Beginning of Communication Study in the United States*)③ 中,第一次清楚地阐述了他选择拉斯韦尔、勒温、拉扎斯菲尔德以及霍夫兰作为传播研究④四大奠基人的主要标准。施拉姆开篇就

---

① Wibur. Schramn. *The State of Communication Research*. in *The Public Opinion Quarterly*, VOL. 23,No. 1 (1959),P8.

② 罗杰斯. 传播学史:一种传记式的方法 [M]. 上海:上海译文出版社,2002:204. 转引自刘海龙. 大众传播理论:范式与流派 [M]. 北京:中国人民大学出版社,2008:35.

③ 此文最早收录在 1980 年由国际传播学会(International Communication Association)编辑出版的《传播年鉴 4》(*Communication Yearbook* 4)一书中。

④ 胡翼青在《传播学科的奠定:1922~1949》一书中开篇就围绕着"传播学"与"传播研究"两个概念进行辨析。他认为:美国传播学指的是当前学科建制意义上的传播学,而并非广义的传播研究。所谓学科意义上的传播学是在施拉姆等人的努力下,为传播学所划定的一个学科框架。它基本上是以实证研究为主流范式的,研究的领域基本被涵盖于"5W"的语境之下,有专家取向的专业意识形态。而广义的传播研究则是指包括美国文化研究在内的多学科一体化、多元理论视角的传媒与传播研究。传播学像所有学科一样生存着:它由高度认同的知识共同体成员构成,知识的再生产具有特定的语境和方法,有自己的学科边界和学科规训,有特定的培养机制和行业组织,具有权力与意识形态色彩;但传播研究则往往是具有多学科色彩的,没有严格的边界,知识主体间也没有高度的认同,知识再生产方式较为自由,它是一个学术领域的概念。(参见胡翼青. 传播学科的奠定:1922~1949 [M]. 北京:中国大百科全书出版社,2012:1.)在本文中,笔者沿用胡翼青对两者的界定,"传播学"这个词统一指向学科意义上的美国传播学,而"传播研究"则指广义的一切有关传媒与传播的人文社会科学学术研究。

| 想象与错置：传播学史中的法兰克福学派 |

以约旦的一个小村庄 Bab elh–Dhra 作为例子，比喻早期的传播研究状态。公元前5000年，位于沙漠附近的 Bab elh–Dhra 以其优良的水质出名，成为游牧民的驿站（a stopping place）。他们只在此稍作短暂的停留。而随着农业的发展，游牧民族的生活方式逐渐消失，有人开始在村庄安营扎寨。几千年下来，村庄的历史开始被人遗忘。施拉姆描述库利、李普曼、皮尔斯等人的研究虽然涉及传播研究，但他们仅仅是短暂地驻足（stopped by）到传播领域，之后还是回归各自原本的领域，就如当时的游牧民，只是一个个过客（visitor）。① 而在施拉姆眼中，拉斯韦尔等四人，正是从他们原本的学科，进入传播研究，并对传播领域产生了巨大的影响。更关键的是，他们如定居于 Bab elh–Dhra 的村民一样，就此扎根于传播领域（eatablish permanent settlements）②，基于此，他们四人理所应当地成为美国传播研究之父。③ 在文章最后的"展望"（the next chapter）部分中，他写道："虽然当下传播研究机构与研究项目看似良好，但是将来它们被纳入更大的人文社会科学体系，我也不会惊讶。传播研究本就是人文社会科学的一个领域，正因为此，其他学科的研究会涉及传播领域。"④ 对比施拉姆1959年回应贝雷尔森的文章，不难看出，其有矛盾之处。施拉姆不赞同贝雷尔森对传播未来的判断，但他对

---

① Wibur. Schramn, *the Beginning of Communication Study in the United States*, Edited by Dan. Nimmo, *Communication Yearbook* 4, An Annual Review Published by International Communication Association, 1980, p. 73.

② Wibur. Schramn, *the Beginning of Communication Study in the United States*, Edited by Dan. Nimmo, *Communication Yearbook* 4, An Annual Review Published by International Communication Association, 1980, p. 74

③ 王怡红. 我们从美国传播学科史研究中读到什么? 转引自胡翼青. 传播学科的奠定：1922~1949 [M]. 北京：中国大百科全书出版社，2012：10.

④ Wibur. Schramn, *the Beginning of Communication Study in the United States*, Edited by Dan. Nimmo, *Communication Yearbook* 4, An Annual Review Published by International Communication Association, 1980, p. 82.

第一章 传播学史与身处其中的批判学派

"四大奠基人"最终离开传播领域这一观点是持肯定态度的。因此,在《美国传播研究的开端》中,以"定居于"传播领域为标准来判定他们为传播学科的奠基人,多少有失公允。尽管施拉姆本人一再反对把传播研究看作一个学科,他始终强调传播研究的跨学科性。即便如此,施拉姆仍使用了极大的篇幅,阐释这四位学者的学术成就和学术职位,强调他们对于传播研究的巨大贡献,以此完成他个人心中的传播研究历史的书写。

英国科学史家霍尔(A. R. Hall)对科学史书写方式的态度值得思考,"赞扬或夸大科学的成就,或为了当前占优势地位的科学成就而进行宣传鼓动,这些肯定不是科学史家所要做的事。"[①] 罗杰斯曾写道:"在美国大学里建立一个新的科学领域是一个极其罕见的事件。自1890年左右,即当5个传统的社会科学(经济学、心理学、政治学、社会学和人类学)建立以后,只有极少的新的学术领域能够发展起来。过去90年来,传播学或许是美国大学里最广受欢迎的新领域。"[②] 但在施拉姆树立"四大奠基人"的问题上,罗杰斯认为:"所谓传播学四位奠基人的说法将传播学的侧重点压缩成一种个人主义的、短期的效果样式。因此,他们关闭了许多最近刚刚被学者们重新打开的研究领域。"

施拉姆运用简单的"过客"和"定居者"的比喻来作为选择策略似乎有些可疑,在学术史书写中也不算高明。施拉姆所书写的传播学科史,是一段"被粉饰过(airbrushed)和辉格式的(Whiggish)"[③] 的历史,它利用历史来

---

① A. R. Hall. *On Whiggism*, History of Science. 1983, 21: 45. 转引自刘兵. 历史的辉格解释与科学史 [J]. 自然辩证法通讯, 1991, 13: 50.

② E·M·罗杰斯. 传播学史:一种传记式的方法 [M]. 上海:上海译文出版社, 2005: 393.

③ Jefferson Pooley. *The New History of Mass Communication Research*. In *The History of Media and Communication Research: Contested Memories*, Edited by David Park, and Jefferson Pooley. New York: Peter Lang, 2008, p. 43.

| 想象与错置：传播学史中的法兰克福学派 |

树立传播研究领域在美国大学中的合法性地位。按照施拉姆对四大奠基人的学术背景所进行的详尽着墨，多少能发现施拉姆对他们的了解，但为何会一笔带过他们各自的欧洲学术理论的背景呢？"在他们当中，三个在欧洲接受了全部或者部分的学术训练。"[①] 至于具体受到了哪些欧洲学者的影响，却是只字未提。"四个奠基人的神话并非是完全错误的。拉斯韦尔、勒温、拉扎斯菲尔德和霍夫兰的确在开创传播学领域方面发挥了关键的作用，但是还有许多其他的创始人，其中有几个人就构成传播学来说，具有与这四个人相等同，或更加大的影响：威尔伯·施拉姆，罗伯特·E·帕克，西奥多·阿多诺，克劳德·E·香农，诺伯特·维纳和罗伯特·K·默顿。进而言之，四个奠基人反过来又有'奠基人'，即影响了他们的传播思想的那些人。"[②] 相比之下，库利等人远比他们的前驱幸运，欧洲学者甚至不入施拉姆的法眼。

施拉姆有着强烈个人倾向的人物选择与书写方式，自从提出之后，就不断地被后来者反思与质疑。但是，站在当时传播学科尚未建立的角度上，似乎能理解施拉姆的用心良苦。"学科历史的编纂，是学科认同与合法性建构的重要手段，也是学科历史意识和集体记忆的主要载体。但编纂学科理智史，学者必须面对学科历史编纂学的认识论问题，无论是隐含的还是凸显的；对这些认识论问题的态度和立场，左右学者对学科历史材料的取舍及其解释……如何合适地评价学者的理智贡献，是依据特定的历史情景还是今天的意识形态的主流倾向，即厚古说—厚今说；学科的演化，是一系列的研究成就和研究传统的连续累积还是不断的断裂过程，即连续性—断裂；概而言之，

[①] Wibur. Schramn, *the Beginning of Communication Study in the United States*, Edited by Dan. Nimmo, *Communication Yearbook* 4, An Annual Review Published by International Communication Association, 1980, p. 74.

[②] E·M·罗杰斯. 传播学史：一种传记式的方法 [M]. 上海：上海译文出版社, 2005: 3.

学科的演化，是一系列失败的记录还是理智进步的庆典式的狂欢，即批评史—庆典史/辉格史。这一系列的二元对立，作为学科历史建构的认识论框架，潜藏在历史话语的叙述之后。"① 由此看来，施拉姆书写的是传播学科史（即学科制度史），而后来质疑其的研究者的出发点更多是站在传播研究发展史（即学科理智史）的维度。

施拉姆书写的传播学科史，犹如其他主流的学科史书写方式，如社会心理学学科一样，即庆典史或辉格史，有其特有的历史编纂的认识论偏好和书写策略。"就其认识论偏好而言，它以厚今式的态度，来言说和建构学科内部的理智演化不断进步的神话；它以学科现状为关注的重点，替学科现状辩护；……其后果是替学现状和不平等的社会现状辩护。"②

"在20世纪中叶美国传播学学科渐渐成型的过程中，传播学的发展方向曾经是高度多元化和不确定的。有很多方向已经被'遗忘'，而又有一些方向的思想被放大和强化，并最终成为主导性的方向。无论是遗忘还是强化，其背后都有一种强大的推动力在起作用，那就是现行的主导性学科思想。遗忘，通常是在社会的压力之下发生的。"③ 遗忘或强化，都体现了主流学科史编撰过程中的认识论偏好和书写策略。Lubek 与 Apfelbaum 在反思社会心理学学科史时，特意强调了学科史书写策略中的学科界定、时空框架和社会文化脉络几个基本构成要素。两人的论述同样能够诠释施拉姆的传播学科史。对学科界定的理解，直接决定了学科史书写所涵盖的范围。所有的社会行动包括学科的研究实践，也都是在具体的时空场景中发生的，因此时空框架也必然是学科史书写的基本维度。就时间维度而言，何时为学科历史叙述的起点

---

① 方文. 学科制度和社会认同 [M]. 北京：中国人民大学出版社. 2008：20.
② 方文. 学科制度和社会认同 [M]. 北京：中国人民大学出版社. 2008：40.
③ 胡翼青. 传播学科的奠定：1922~1949 [M]. 北京：中国大百科全书出版社，2012：7.

| 想象与错置：传播学史中的法兰克福学派 |

和终点，何时为历史叙述的中心，它们决定历史书写对不同时期材料的取舍重心；空间维度中的材料选择，同样能够反映出书写者可能的意识形态倾向。而学科的发展，亦然处于一个具体的社会文化脉络之中，它必然会负荷特定的社会文化脉络的意识形态。① 由此，即便欧洲的学术传统对传播研究的影响甚大，法兰克福学派、芝加哥学派等众多学者亦对传播研究作出贡献，但是，这些都已在施拉姆早已圈定的范围之外。四大奠基人中的拉斯韦尔是政治学家，美国行为主义政治学的创始人之一；霍夫兰隶属于实验社会心理学领域；作为社会心理学的创始人之一的勒温，更是以一己之力为社会心理学研究树立了新的研究典范；而与传播研究走得最近的拉扎斯菲尔德，其研究主要是实验心理学，但是这些其他学科背景又被施拉姆无视。他需要的是在其所圈定的范围之内，寻找那些取得杰出成就的学者，从而构建传播学科制度下的学术精英，逐步取得学科的合法性身份。施拉姆之所以摒弃了芝加哥学派的学者，或许与他们的研究超出了其对于学科界定的范围有关，也可能是这些出自芝加哥学派的学人来自传统意义上的社会学学科之下，即便他们被选择为奠基人的话，传播学更像是社会学的一个分支，依附于其下。这与施拉姆的初衷不相符。而秉承了社会学和心理学两大社会科学传统的社会心理学，在20世纪30年代，它们也正经历学科建制、学科身份合法性的过程。为了应对这些论争，社会心理学作为独立学科的身份诉求正在凸显。相比之下，从一个新兴的学科中，挖掘合适的奠基人，更有利于传播学科的学科身份合法化。为此，施拉姆是有意识或无意识地舍弃、屏蔽一些有碍于其学科建制目的的"杂质"。由此，身处传统社会科学之内的学术精英，很难成为施拉姆的首选。同样，欧洲学术的传统也会有所遮蔽。霍克海默、阿多诺、帕克、米德等，这些已隶属于老牌社会科学研究领域的研究者，早早地被排

---

① 参见方文. 学科制度和社会认同［M］. 北京：中国人民大学出版社，2008：38—39.

除在施拉姆所圈定的范围之外。

再者,"所有创建一个新的科学领域的个人都必须对这个领域持有某种个人的观念。"[①] 施拉姆也不例外。根据罗杰斯的说法,1942年二战期间,施拉姆在华盛顿战时新闻局时,就已形成了他对传播学科的构建初步想法。在他返回爱荷华大学后,正式着手行动。因此,按此时间算来,霍克海默、阿多诺未被提及,似乎情有可原。对后来媒介研究产生极大影响的著作《启蒙辩证法:哲学断片》尚处于两人撰写的初级阶段。可以说,芝加哥学派的学人,是被施拉姆舍弃的棋子。但是,时间只是笔者论述这段历史需要考虑进入的一个因素,而对于施拉姆,即便霍克海默等人的著作早在其学科蓝图之前诞生,也无法影响到施拉姆的抉择。施拉姆第一次较为详尽地论述学科四大奠基人的时间点已是1963年。此时距离其有初步想法已有20多年的光景,同时较之之前,霍克海默、阿多诺的知名度与影响力也已有了极大的提升,但是施拉姆仍不为所动。另外,施拉姆的遗作 The Beginnings of Communications Study in America: A Personal Memoir 完美地验证了这一点。施拉姆认为,在高校,有关传播研究主要分为两大类:一类是科研型,另一类则是实践型。即便哲学、历史学、政治学和经济学领域的学者不认为他们是研究有关传播领域的问题,但是实际上,涉及这一领域的学者越来越多。他提及,早在20世纪初,马克斯·韦伯就在第一届德国社会学上有关量化研究的发言。施拉姆特别强调了库利、帕克与萨丕尔[②]都表达过对量化研究中的数据分析的重

[①] E·M·罗杰斯. 传播学史:一种传记式的方法 [M]. 上海:上海译文出版社, 2005:420.

[②] 爱德华多·萨丕尔(Edward Sapir):美国人类学家,语言学家。美国艺术和科学院院士。1884年1月26日生于德国劳恩堡。1925年起任教芝加哥大学人类学与语言学。1931年到耶鲁大学,任刚成立的人类学系主任。他曾任美国语言学会会长和美国人类学会会长。

| 想象与错置：传播学史中的法兰克福学派 |

视。① 可见，施拉姆对于当时涉及传播研究的整个社会科学基本是了然于胸。芝加哥学派等其他学者的出局，并非是研究方法的取向或者立场问题，更重要的缘由还是他们从未真正地被列入施拉姆心中的那份学科建设蓝图与传播学者的名单之中。

同样，深受施拉姆影响的罗杰斯，即便他在《传播学史》中提及了欧洲学术传统对美国传播学科的种种影响，甚至直言这些思想对于学科具有开创性的作用，如"从欧洲思想中追溯传播学的起源，其意义在于从一个重要侧面表明：传播学史本质上是社会科学的历史……欧洲思想向美国的知识迁移和过渡、包括传播学在内的社会科学研究的经验主义取向、传播学在社会学领域中的孕育和逐渐的分离过程、由诸种冲突和矛盾所推动的理论发展，相当程度上是通过详尽论述三个学派（法兰克福学派、芝加哥学派和帕洛阿尔托学派）的开创性作用而得以完成的"，② 但是，这些仍是其为施拉姆立传的注脚与垫脚石罢了。

当然，这些并不单单只是传播学科创始人施拉姆，其他学科的创始人多少也会面临相同的情景，做出相似的选择，甚至会招致后人类似的指责。奥尔波特③通过对社会心理学的学科界定和学科历史的厚今论式的梳理、表述和论证，使社会心理学认识论的逻辑实证主义和方法论的个体主义，获得正

---

① Wilbur Schramm. *The Beginnings of Communication Study in America：A Personal Memoir*. edited by Steven H. Chaffee and Everett M. Rogers. Thousand Oaks：SAGE Publications. 1997：8—17.

② E·M·罗杰斯. 传播学史：一种传记式的方法 [M]. 上海：上海译文出版社，2005：5.

③ 奥尔波特（Gordon W. Allport）：美国人格心理学家。他以特里布利特有关社会促进或社会助长的实验研究，建构了社会心理学的"诞生神话"，从而主张，只有实验程序被引入有关人类社会心理和行为的研究，才是标志着现代社会心理学的正式诞生。而其胞兄弗劳德·奥尔波特（F. H. Allport）亦是美国心理学家，实验社会心理学的创始人之一。1924 年，他的社会心理学手册被认为是现代社会心理学的第一本教科书。兄弟俩联手建构了现代社会心理学的学科范式。

统和权威性；而学科理智进展的连续性和学科知识再生产得以合法化；学科的诞生神话得以确立。在学科制度结构中，通过对奥尔波特的正统历史话语的表述、传承和再生产，主流的实验社会心理学的学科认同和历史话语得以制度化和合法化。①

于传播学科，施拉姆的贡献远远大于他所圈定的四位奠基人。用罗杰斯的话来说，就是"威尔伯·施拉姆才是传播学的真正奠基人。如果他对于这个领域的贡献能够以某种方式被取消的话，那么就不会有传播学这样一个领域了。对任何其他什么人能够创建这个领域这一点是值得怀疑的"。② 就此，学科创始人施拉姆早有自己的学科范畴规划，法兰克福学派的第一代学者，"错过"了被纳入第一张传播学谱系图的机会。

第三节 二战后美国社会科学的范式危机

19世纪末20世纪初期，美国经历了所谓的"进步年代"，开始注意到如何解决工业化带来的各种社会问题和矛盾，寻求用自然科学以外的方法来探讨和研究社会问题。这种研究方法首先由芝加哥大学政治学教授马里安纳（Marianna）把社会科学作为一个概念使用，以后"社会科学"一词被广泛接受和使用。当时，所谓的社会科学只包括政治学、社会学、经济学、历史学、统计学、心理学以及人类学七个传统学科。而且学科之间存在较为明确的界定：（1）现代或文明世界与非现代世界研究之间存有明确的界线，即史学以

---

① 方文. 学科制度和社会认同 [M]. 北京：中国人民大学出版社. 2008：21.
② E·M·罗杰斯. 传播学史：一种传记式的方法 [M]. 上海：上海译文出版社，2005：420.

| 想象与错置：传播学史中的法兰克福学派 |

及社会学、政治学、经济学和人类学之间的研究有着较为明显的区别；（2）对现代世界过去与现在的研究也有着明显的界线，即关于过去的史学研究与现在的社会学、经济学、政治学之间存在着明显的区别；（3）市场、国家研究与市民社会研究之间有明显的区别，即在政治学、经济学研究与社会学研究之间有着明显的区别。[1]

但是，自1945年以后世界政治格局发生了变化，出现了以两个超级大国为特征的冷战时期，加上世界生产能力大力发展，人口急剧膨胀，人类的活动范围扩大，社会问题日益复杂化，高等院校迅速发展，数量的增加以及分布的地区越来越广等原因，打破了美国近百年来社会科学形成的传统学科分野，出现了新学科、新知识系统的分支学科，新的思潮也不断以跨学科和交叉学科的形式涌现。传统的个人独立研究也越来越倾向于多学科或跨学科的课题合作研究。[2]

美国社会科学所包含的学科范围尚无定论，交叉学科、跨学科不断出现。尤其自1945年以后，新的学科名称层出不穷，尤其在六七十年代，社会科学中综合性研究趋势加大，整体化过程成为当代科学发展的主要趋势。所谓整体化的特点是在高度分化、专门化基础之上的重新整合后的统一化。最先是学科越分越细，分支学科越来越多，而后是各种跨学科研究机构纷纷成立，跨学科的研究文献大大增多，并涌现出大量的交叉学科、横断学科和边缘学科，美国大学也纷纷成立跨学科的研究机构或中心，各个基金组织也热心支持新学科的发展。这个时代被美国人称为"跨学科研究的时代"。[3] 正如沃勒

---

[1] 方文. 学科制度和社会认同 [M]. 北京：中国人民大学出版社. 2008：21.

[2] Immanuel Wallerstein and others. *Report of the Gulbenkian Commission on the Restructuring of the Social Sciences. in Open the Social Sciences.* Paddyfield：Stanford University Press. 2006：p. 41.

[3] 裴长洪主编. 美国人文社会科学现状与发展 [M]. 北京：社会科学文献出版社. 2001：135.

斯坦所说"多学科的发展趋势已经十分明朗。"社会科学在分化基础上的整体化发展趋势正在逐步加强。

研究方法层面，20世纪30年代以前，美国的社会科学研究主要以定性研究为主，随着美国科学技术的发展和自然科学研究的普及和应用，越来越多的社会科学研究由定性研究逐步倾向于定量研究，主要表现在三个方面：(1) 社会科学研究领域的成果中，定量分析的比重大于定性分析。(2) 数学等方法的使用越来越普遍。特别是60年代以后，把运用数学的定量分析方法用于社会科学研究中，把数学作为一种描述社会现象及其数量关系的工具，成为社会科学领域具有更加完备形态的标志。(3) 计算机应用程度提高。计算机的普及，加速了数据的收集、处理和应用。美国社会科学研究领域，正是把这些数据信息资源作为研究依据，形成了美国社会科学从定性分析向定量分析发展的趋势。美国社会科学一改以往受传统的思辨哲学的影响而形成的、重理论轻应用的学风，应用研究比重增加，具有现代形态的社会科学研究成果比重加大，成为当代美国社会科学研究的一个显著趋势。[1]

1971年，哈佛大学的卡尔·多伊奇与其他两位同事在《科学》上发表一项研究报告，列举了从1900年至1965年的62项"社会科学方面的进展"。其中定量的问题占去全部重大进展的三分之二，占1930年以来总量的六分之五。完全非定量的研究在整个时期中是稀少的。这正是1940年以后社会科学获得影响的理由之一。[2] 20世纪40年代中期到70年代，是整个世界社会科学快速发展时期，也是美国社会科学及其研究机构空前发展的时期。贝尔认为："过去三十年，社会科学成为公众最注意和寄予希望的科学，这是社会科

---

[1] 参见裴长洪主编. 美国人文社会科学现状与发展 [M]. 北京：社会科学文献出版社. 2001：134—137.

[2] 参见 Daniel Bell. *The Social Sciences Scine The Second World War*. Transaction Inc. 1982：1—24.

| 想象与错置：传播学史中的法兰克福学派 |

学的历史上前所未有的——虽然这门科学的历史不长。……人们有理由把 1945 年到 1970 年单独当作一个时期，在这段时期中，学科、方法论和技术方面，以及在各种规划方面，展现了希望，标志着社会科学的时代已经到来。"①

  身为美国社会科学研究领域的一个分支，传播学也经历着类似的发展变革。定量研究逐步成为传播学研究的主要范式。囿于传播学科自身的独特性，以及各种新媒介的出现，在定量研究比重加大的同时，由于传播研究对文本内容、意义层面的关注，也开始注意不同层面的定性研究。

  有人会反问，难道传播研究的历史中，出现了欧洲学者甚至加入欧洲板块的身影，就不再是庆典式或辉格式的历史了吗？答案是否定的。之所以说施拉姆的传播学史是辉格式的历史阐释方式，是因为他选择这些人物背后的动机。其他科学史学家评价巴特菲尔德的《历史的辉格解释》，认为其"没有给出任何正面的观点。它虽然告诉我们历史不应是什么样的，但却没有讲历史可以是什么样的"。② 当下，整个传播研究领域对传播学史的反思状况，与此有点相似。大家都知道施拉姆书写的历史不应是传播研究的真实面貌，但是却又无法述说出传播研究到底应该是怎么样的。20 世纪 80 年代末，科学史学界就对辉格式与反辉格式历史展开了辩论，最终的结果是认为极端反辉格式的研究方法是不可能的，也是有问题的，但也不赞成极端辉格式的倾向，两者的有机结合或许是最理想的结果。克拉夫（H. Kragh）在其 1987 年出版的《科学编史学导论》的观点似乎是结论性的。他认为："反辉格式的编史学是必不可少的，但它只能是一种理想。历史学家无法将他们从自己的时代中解放出来，无法完全避免当代的标准。在对一特殊时期进行研究的初

---

① Daniel Bell. *The Social Sciences Scine The Second World War*. Transaction Inc. 1982：5.
② 刘兵. 历史的辉格解释与科学史 [J]. 自然辩证法通讯. 1991, 13：49.

期，人们无法按那个时代自身的标准做评价和选择，因为这些标准构成了还未被研究的时代的一部分，它们只能逐一得以揭示。为了要对所研究的课题有任何观点，人们就不得不戴上眼镜，不可避免地，这副眼镜必然是当代的眼镜。""克拉夫的结论是：在实践中，历史学家并不面临在反辉格式的和辉格式的观点之间的选择。通常两种思考方式都应存在，它们的相对权重取决于所研究的特定课题。历史学家必须具有像罗马神话中守护门户的两面神（Janus）一般的头脑，能够同时考虑彼此冲突的辉格式与反辉格式的观点。"①

在施拉姆把学科建设起来后，他的人物选择没有引起同行学者的过多争议。这些人物的确对传播研究的发展有所贡献。只不过他由此确定的学科范式，多少算是20世纪七八十年代学科范式危机的一根导火线。假若因为施拉姆确定了传播学的主流研究范式是经验研究，从而把20世纪后半叶一直进行着的传播学科内部的范式危机的责任全部推给施拉姆，那又有点不公允。自从第二次世界大战之后，美国的社会结构在发生巨变，包括整个社会科学领域。学科范式危机，不仅仅是单个传播学科的问题，而且也是哲学、社会学、心理学、政治学等老牌学科面临的问题，还是社会心理学、伦理学等新兴学科当时最为棘手的问题。

在学科演进过程中，与传播学科较多相似点的社会心理学同样经历着类似的过程。只不过建制时间早于传播学科，其学科范式危机爆发的时间似乎也提前了少许。某种程度上，社会心理学可以作为传播学发展的参照系。不必过度渲染本学科内部的范式危机，认为范式危机单单是传播学科所要面临的问题，或者把学科发展所遇到的"瓶颈"归结至施拉姆身上。

因纳粹德国的兴起和第二次世界大战的爆发，1933年之后的欧洲流失了

---

① 刘兵. 历史的辉格解释与科学史[J]. 自然辩证法通讯. 1991, 13: 50.

| 想象与错置：传播学史中的法兰克福学派 |

大批的学者和研究者，他们被迫流亡至美国。这次欧洲学者的迁移对美国的科学、文化及教育等社会结构的分支都产生了极其重要的影响，由此引发的欧洲思想和美国本土观念的冲撞体现在两者不同文化的融合与互动之中。美国高校的科学研究，包括自然科学、社会科学和人文科学皆受到了相关影响，社会心理学、传播学等都是典型例子。

卡特莱特（Cartwright）指出，如果当时勒温、海德（Heider）、科勒（Kohler）……拉扎斯菲尔德等其他学者没有流亡至美国，很难想象社会心理学又将是怎样一番景象。于美国社会心理学，他们所带来的不仅是对当时行为主义研究产生了冲击，注入了一股新鲜的血液，及一种全新的研究视野即认知主义研究框架，而且更为重要的是，这些学者完全以个人学术能力直接影响到了美国众多年轻社会心理学者的研究，及其他学科学者。正是这些当时深受他们影响的青年学者，成为美国社会科学的代表人物，如默顿、费斯廷格、库克等。[1] 而在"第二次世界大战期间和战后几年，社会心理学曾经历短暂的跨学科研究的繁荣时期，为了适应战争的需要，一大批美国社会心理学家，和其他学者一起被政府招募，受军方资助，投入到一系列与战争有关的社会问题的研究中。……其中最具代表性的是斯托弗的美国士兵研究（Stouffer et al., 1949—1950），霍夫兰的劝说和沟通研究（Hovland et al., 1949）和阿多诺的权威人格研究（Adorno et al., 1950）。……在经历第二次世界大战期间和战后的快速发展之后，社会心理学从20世纪60年代末开始，饱受'危机话语'的折磨。所谓的危机，实质上是社会心理学内外交困所导致的学科信心危机"。[2]

若不是"社会心理学"几个字，甚至可以把上面两段文字当作论述二战前后对传播学科的简单概括。这两个学科所经历的场景与问题都过于相似，

---

[1] Dorwin Cartwright: *Contemporary Social Psychology in Historical Perspective.* Social Psychology Quarterly. 1979 (Vol. 42, No. 1): 85.

[2] 方文. 学科制度和社会认同 [M]. 北京：中国人民大学出版社. 2008：17—19.

第一章　传播学史与身处其中的批判学派

甚至涉及的欧洲学者也有部分重合。20世纪70年代末伊始,传播学科亦开始饱受学科范式危机的折磨,越来越多的学者介入其中,从不同的维度重新审视传播学科,试图化解危机。正是在这种学科大环境之下,先前被忽略的欧洲学者对传播问题的研究重新走进美国学者的视野,被期待可以有助于突破研究范式的瓶颈。

库尔特·朗格(Kurt Lang)在与英、德等欧洲国家的传播研究者讨论传播研究历史时发现,传播研究可以追踪至德国学者的研究。他肯定了四大奠基人对传播研究领域的贡献及影响,但他同时认为:"正如在社会学和传播社会学(sociology of communication)领域所发生的那一切,我们传播研究也不仅忘记过去,还看到了一个有着先入之见(preconception),适用于我们当下的过去","我是赞成当下传播研究关注于对学科有较大贡献的先驱者,但令我不安的是,在试图学科合法化的过程中,研究陷入了一种过分关注去语境化的繁枝缛节与反复书写类似结论的危险。"[1] 对于美国学者,朗格强调,"绝大多数美国学者的研究,是基于以英文为主的出版物。至于其他语言的研究成果,他们却知之甚少。"[2] 他以1965年拉扎斯菲尔德为《德国社会科学实证研究》(Empirical Social Research)一书所作的序言作为佐证,"当下许多被认为是源自美国的技术,其实早在50年甚至百年前,就已经在欧洲这片土地上发展起来。只不过改良并在大规模使用后,再次向外输出罢了。"[3] 朗格

---

[1] Kurt Lang. *The European Roots in American Communication Research: the Remembered History* Edited by Everette E. Dennis, & Ellen Wartella. Mahwah: Lawrence Erlbaum Associates, 1996: P3.

[2] Kurt Lang. *The European Roots in American Communication Research: the Remembered History* Edited by Everette E. & Dennis, Ellen Wartella. Mahwah: Lawrence Erlbaum Associates, 1996: P1.

[3] P. E. Lazarsfeld. Preface. In A. Oberschall (Ed.), *Empirical social research in Germany 1848—1914*, (pp. v – viii). Paris: Mouton. 转引自 Kurt Lang. *The European Roots in American Communication Research: the Remembered History* Edited by Everette E. Dennis, Ellen Wartella. Mahwah: Lawrence Erlbaum Associates, 1996: P1.

| 想象与错置：传播学史中的法兰克福学派 |

从众多美国学者的研究成果的注释与参考文献中发现，经济学家卡尔·克尼斯（Karl Knies）[①]在1857年出版的有关电报的著作中，对信息流所产生的经济效应研究所采用的方法，对后来的美国学者的相关研究产生了极大的影响。卡尔·布彻在媒介研究的路上走得更远，身为经济学家的他，第一份职业却是记者。早期的记者生涯与日后的经济学家的学者经历，让他看待新闻业发展的视角更加多元。他对报纸功能关系，与其开创的对报纸订户（Zeitungskunde）的使用效果研究[②]（后来的美国大众传播研究在内容与方法上与此项研究极为相似），深深影响了20世纪中叶的芝加哥学派。罗伯特·帕克对移民报刊的研究受到了卡尔·布彻的影响。[③] 朗格还着了不少笔墨，讲述著名社会学家马克斯·韦伯在1924年德国社会学会的第一次会议上有关呼吁实证研究的演讲。在报告中，韦伯强调报业的实证研究，寄希望于这类实证研究清楚地阐明报业发展存在的问题，并对已有的报业研究评价道："我们现在已开始了这样的研究，但这才迈出了第一步。只有在这些定量研究（quantita-

---

[①] 德国的新闻传播研究有异于美、英等国，早期的相关研究主要是由一些经济学家在自己的专业领域进行，如文中提及的卡尔·克尼斯（Karl Knies）、卡尔·布彻（Karl Buecher）等学者。他们不仅是经济学家，同时又有新闻事业的实践经验，如卡尔·布彻的第一份工作就是一名记者。他们这些人从不同的角度，关注着新闻业的发展，对报纸、电报等当时的媒介作用及其社会发展的影响进行了相关研究。

[②] Zeitungskunde：卡尔·布彻自创的德语合成词，意为"报纸的订户"，由"zeitung"（报纸）与"kunde"（订户）两词合成。之所以作者这样做，是与当时德国报纸的发售形式有关。19世纪至20世纪早期，德、法两国的报纸发售，异于英、美等国。在英、美国家开始零售报纸时，德、法却一直坚持着以订户为主的传统报纸销售方式，直至一战后才逐步接受报纸零售的方式。有甚者，曾提倡德国报纸字体使用应回归至哥特体。

[③] 参见 Kurt Lang. *The European Roots in American Communication Research*：*the Remembered History* Edited by Everette E. & Dennis, Ellen Wartella. Mahwah：Lawrence Erlbaum Associates，1996：p. 5.

tive findings）的基础之上，进行定性分析。"① 朗格强调，之所以写这篇文章，并非无视哥伦比亚学派大众传播研究及其在传播研究领域的贡献，而研究德国学者的媒介研究，试图回答两个疑问：那些由欧洲学者提出的媒介研究构想多大程度上融入美国的大众传播研究之内？欧洲研究传统与美国研究传统为何会有如此大的分歧，以至让人感觉彼此是相互对立的？②

类似朗格的反思，在20世纪80年代后，呈现出越来越多的趋势。但是，这样从欧洲的角度去重申美国传播研究的反思，还是少数人的声音。占据主流的反思，仍是基于美国学科内部的范式危机之上。

美国《传播学季刊》（Journal of Communication）以"领域的发酵"（Ferment in the Field）和"领域的未来"（The Future of the Field：Between Fragmentation and Cohesion）为特刊名，分别在1983年、1993年以特刊的形式，围绕当时传播学科与研究范式的议题进行大讨论。

1983年的特刊以施拉姆《传播学的独特视野》作为开篇。施拉姆则继续以贝雷尔森1959年《传播研究现状》一文作为论述的基础。他以"通过对欧洲学院模式的运用，如实践型，新闻学和演讲学等，我们建立起一个新的学科，而非是把原有的学科范围扩展了"，再次强调传播学科身份的合法性。文章通篇结构与其遗作 The Beginnings of Communication Study in America：A Personal Memoir 极为相似。不同的是，施拉姆以一个小章节的形式，强调"若是把这一新领域的发展等同于美国的话，也是有失公允的"，"在贝雷尔森1959年撰写那篇文章之前，规模不大但研究质量较高的传播研究已经在德

---

① 参见 Kurt Lang. *The European Roots in American Communication Research：the Remembered History* Edited by Everette E. & Dennis, Ellen Wartella. Mahwah：Lawrence Erlbaum Associates, 1996：pp. 13—15.

② 参见 Kurt Lang. *The European Roots in American Communication Research：the Remembered History* Edited by Everette E. & Dennis, Ellen Wartella. Mahwah：Lawrence Erlbaum Associates, 1996：p. 15.

| 想象与错置：传播学史中的法兰克福学派 |

国、英格兰及法国这些欧洲国家出现……有关电视对儿童影响的效果研究也远远早于美国……被称之为'批判传播研究'的欧洲传播研究传统正是滥觞于20世纪60年代末。这些传统之下的欧洲学者，对传播问题的出发点是源自内在的信仰。由此，对于问题的阐述也是一种马克思主义的方式。正如贝雷尔森所言，传播对他们而言，只不过是'通向更为广阔的领域的一扇方便之门'罢了。"[1] 从这点可以看到传统的研究范式不得不摆脱以往单纯的媒介观念研究的束缚，逐渐走向更加多元化的研究路径。

伊莱休·卡茨在《人文科学和社会学的回归》中写道，当下传播研究的发酵正是源自多学科的交叉研究，逐步改变了以短期效果研究为主的媒介研究。在卡茨眼里，在传播研究领域中，最值得庆祝的一件事就是停止了证明媒介是具备短期改变大众舆论、态度和行动的强效果研究。研究取向也从一种短期的强效果研究逐步向长期的效果研究转型。不再过分聚焦于短期的效果研究，拓宽了"效果"所涵盖的范围，如从历史的维度审视媒介技术所带来的社会变革，从新闻、广告等透视其背后的意识形态等。这样的研究意味着人文科学和社会学回归传播研究领域。即便通篇没有提及"批判研究"一词，但是通过全文，卡茨强调历史语境对传播研究的重要性一展无遗。[2] Karl Erik Rosengren 在《传播研究：一个还是四个范式？》中归纳传播研究的发展：（1）知识分子层面：批判学者和实证主义学者互相竞争，互相轻视，抑或是寻找一个中立的过渡方法。（2）国际社会层面：来自旧世界和新世界的学者，惊讶于对方的思维方式。而文化多样性进一步促进了不同知识观点间的冲突。（3）政治派别层面：激进派、自由主义者和保守派，皆在用传播研究

---

[1] 此段所引用的内容皆出自 Wilbur Schramm. *The Unique Perspective of Communication: A Retrospective View*. Journal of Communication. Ferment in the Field. 1983，33：6—17.

[2] 参见 Elihu Katz. *The Return of the Humanities and Sociology*. Journal of Communication. Ferment in the Field. 1983，33：51—52.

第一章 传播学史与身处其中的批判学派

来支持辅助其政治论争。① 伯内尔与摩根依据社会的本质和社会科学的本质把社会学理论划分为激进人文主义范式（radical humanist）、激进结构主义范式（radical structuralist）、解释学范式（interpretive）与功能主义（functionalist）。Rosengren 认为同属于社会学科这一大门类的传播学学科性质，也能够根据上述四分法，划分为四种研究范式。这种提法对一直以来处于主流研究范式的经验研究产生了冲击。

William Melody 和 Robin Mansell 的《批判研究与实证研究之争：迂回还是挑战》② 认为在传播研究领域内，绝对地对立批判研究与实证研究，将会遮蔽两种研究方法之间的某种共通性与相似性，夸大彼此的异质性，由此想象出一种对立的状态。这种表面的绝对化，会僵化和程式化对整个传播研究方法的认识。只有打破这种未加审视的简单化的二元对立，传播研究领域才能做到真正的"发酵"。

在美国，持有与 Melody 类似观点的传播学者仍只能算是少数部分。在"领域的发酵"中，支持经验研究，或者表面中立、实质偏向经验研究的文章仍占据了大部分。麻省理工学院传播政策研究中心主任 Ithiel De Sola Pool 指出，媒介效果研究之所以被人关注，正是由于电报、广播、电视等一系列非印刷媒介的诞生、飞速发展让社会发生了巨变，成为大众社会。经验研究的问题并不是方法的缺陷，而是不够精致。但是当下的研究已经出现了转机，以往一直被忽视的"噪音"等外在干扰因素被纳入研究，完善了以往相对粗糙的研究。他认同对经验研究的部分批评，一些经验研究的确无法令人眼前一亮。他更是针对批判学派对经验研究的批判进行了激烈的反击，声称这些

---

① 参见 Karl Erik Rosengren. *Communication Research: One Paradigm, or Four?* Journal of Communication. *Ferment in the Field*. 1983, 33: 185—194.

② 参见 William H. Melody, Robin E. Mansell. *The Debate over Critical vs. Administrative Research: Circularity or Challenge*. Journal of Communication. *Ferment in the Field*. 1983, 33: 103—111.

| 想象与错置：传播学史中的法兰克福学派 |

称为传播研究新范式的批判研究只不过是多了"社会系统""资本主义""实证研究""意识形态""权威"和"范式"等这些形而上的词而已，对传播研究的影响尚达不到"发酵"的程度。① 持有相同看法的美国学者，并不在少数。②

虽然这样的学术争鸣讨论有助于传播学科的发展，但是由此"想象批判学者和所谓的主流范式的研究者可以开展富有成效的对话，这也许只是一厢情愿的想法罢了。……正如亚里士多德所言：'一个受过教育的头脑的特点是能够考虑一种思想而不盲目接受它'"。③ 所指的批判学派，并不只是法兰克福学派，还包括英国的文化研究及政治经济学派。

自从20世纪中叶伊始，美国自然科学领域中的一系列重大突破性进展，如计算机、原子弹、人工智能等信息技术的进步，改变了社会科学领域的研究方法和思维方式。理论不再仅仅是观念或辞藻，而是可以被用外在工具和可检验形式加以阐释、验证的命题。社会科学在某些方面是朝着自然科学发展。身处社会科学研究领域的传播学科，也无法摆脱这个趋势。例如第二次世界大战中，美国对参战士兵的电影实验。这些实验联合社会心理学和其他学科的专家学者，解决国家在危机中所面临的紧急的现实问题。虽然电影的说服效果是短期、有效的，但是就此战时电影的评估研究，为传播效果研究建立了一种标准。

正如20世纪上半叶的电影，作为一种迅速发展起来的大众传媒，对大众传播研究的发展轨迹产生了影响。而二战之后，电视研究同样在大众传播研

---

① 参见 Ithiel de Sola Pool. What Ferment: A Challenge for Empirical Research. Journal of Communication. *Ferment in the Field*. 1983, 33: 258—260.

② 可参看此特刊中 Robert L. Stevenson: *A Critical Look at Critical Analysis*. Stuart Ewen: *The Implications of Empiricism*. James D. Halloran: *A Case for Critical Eclecticism*. 等文章。

③ Robert W. McChesney. *Communication Revolution: Critical Junctures and the Future of Media*. New York: The New Press. 2008: 82—83.

第一章 传播学史与身处其中的批判学派

究领域留下了独一无二的贡献。在洛厄里和德弗勒选取的美国大众传播研究14座里程碑中,直接与电视有关的研究占据了三例。电视研究方面取得的关键性进步,让人们认识到应该从更广泛的角度来理解媒介。这种理念的改变,对始于20世纪70年末传播学科范式的反思,多少有着助推力的作用。

美国早期的电视研究,主要还是探索电视在大众传播系统中所扮演的角色,比如施拉姆等人关于电视对北美儿童的效果研究。其研究成果《儿童生活中的电视》(Television in the Lives of Our Children)是对美国及北美其他地区10个不同社区的11项调查研究,针对电视的使用与满足,即电视对不同群体的孩子有着不同的功能。施拉姆团队所关注的焦点并非直接分析电视传播效果。作为电视研究的第一项研究成果,它的贡献更多的是:对当时作为新媒介的电视对儿童的效果研究,做了第一份较为全面详尽的调查。① 但是很多方面,它与之前或同期的电影研究较为相似,有种换汤不换药的感觉。它对当时的大众传播研究所产生的影响没有先前二三十年代的电影研究,及之后70年代的电视研究那样直接与强烈。

出于20世纪60年代后期美国民众对社会暴力问题的关注,一项电视暴力问题研究,引起了广泛关注。不同于以往的媒介效果研究,此项研究的一部分独立项目刻意地回避效果,更多地聚焦在内容控制,尤其是对美国、英国、以色列、瑞典四国制度结构的比较,得出结论:美国媒体产业竞争的经济结构不但刺激了电视暴力的出现,还使其不可避免。将来公共电视也许会成为改变电视内容的一种方式。该委员会提出了媒介研究中极少出现的想法,即在整个媒介发展的历史脉络中考察单个媒体,建议未来的相关电视研究应集中在其他大众媒介的脉络中考察研究电视,电视应置于整体的社会环境,

---

① 参见希伦·A·洛厄里,梅尔文·L·德弗勒. 大众传播效果研究的里程碑(第三版)[M]. 北京:中国人民大学出版社. 2009:151—166.

49

| 想象与错置：传播学史中的法兰克福学派 |

特别是家庭环境的脉络之中。① 这种逐渐从短期效果研究移步长期行为影响研究的改变，虽因项目先前已预设的研究方法、提问方式，未能有效、直接地体现出来，但是却为十年后的电视研究奠定了基础。作为后续的电视研究，名为《电视与行为：十年的科学进展和对 80 年代的启示》(Television and Behavior: Ten Years of Scientific Progress and Implications for the Eighties) 应运而生。该报告的绝大部分被认为是十年前那份报告的升级版，但它在电视认知对个人及社会影响方面的方法改进，对传播效果研究有了重要的促进作用。这种改变被洛厄里和德弗勒认为是效果研究进展到了新的理论起点——媒介表现的意义理论。除此之外，这项研究对于大众传播研究的影响还体现在它较为彻底地把对媒介效果研究从短期、直接效果考察转移到长期、间接效果的研究层面，把对受众的认知态度研究转移到了媒介表现的意义理论方面。② 虽然对于传播效果的研究，研究取向的转变会使得研究过程难以把握，但是它在社会性建构、媒介与人类行为等方面有着更重要的作用。大约在 20 世纪 70 年代中期，美国传播学者逐步尝试不同的研究路径：一部分学者试图将传播研究的短期态度改变扩大至长期的认知层面；一部分学者从微观的个案研究跳跃到更为宏观的社会结构；另有一部分学者则转向欧洲，试图用法兰克福学派批判研究、英国文化研究等，以一种全新的视野、理论及方法，重新审视大众媒介与社会之间的关系。

就这样，囿于传播学科研究发展的内外交困，法兰克福学派在登陆美利坚大陆 20 多年后，被当作一种研究范式，纳入传播研究领域。而被大家多提及的当事人，多数却已经去世。相比 20 世纪五六十年代，法兰克福学派研究

---

① 参见希伦·A·洛厄里，梅尔文·L·德弗勒. 大众传播效果研究的里程碑（第三版）[M]. 北京：中国人民大学出版社. 2009：199—217.
② 参见希伦·A·洛厄里，梅尔文·L·德弗勒. 大众传播效果研究的里程碑（第三版）[M]. 北京：中国人民大学出版社. 2009：218—237.

的顶峰之际，学派的影响力与研究能力已不可同日而语。

第四节 1968年：撞击世界的年代

"1968年是那么独特，它在人类历史上绝无仅有，并且也不会再有。在那个时代，各个国家和文化尚且各自独立、互不相同……但是世界各地却不约而同地爆发了反叛精神。历史上也有过其他的革命年份，比如1848年，但与1968年相比，1848年革命仅局限于欧洲，所针对的事情也几乎是相同的。其他的全球性的事件也是有过的，那是全球帝国体系的结果。悲惨而波及面大的第二次世界大战就是其中一例。1968年的独特之处在于人们反叛所针对的对象多种多样，共同点只剩下叛逆的欲望和方式、对现存秩序的疏离以及对任何形式专制的深恶痛绝。"[1]

马歇尔·麦克卢汉在20世纪60年代提出了"地球村"。那个年代，尤其1968年，世界各国不约而同发生的社会运动，恰如其分地验证了麦克卢汉的这一说法。自20世纪60年代初期起，针对政府、社会发展不满的矛盾逐渐凸显，各类抗议运动，甚至武装斗争，早于1968年就在世界各地出现。[2] 只不过在这一年，各类社会运动在世界各地呈现出井喷式的增长，达到了前所未有的高度，可以说1968年是"60年代"最重要的一年。捷克斯洛伐克的"布拉格之春"、法国的"五月风暴"都发生在这一年。而对于美国而言，马

---

[1] 马克·科兰斯基.1968：撞击世界的年代[M].上海：生活·读书·新知三联书店，2009：11.

[2] 比如"Marx, Marcuse, Mao"（马克思、马尔库塞、毛泽东），当时红极一时的3M标语最早出现在1967年意大利的学生运动之中。

| 想象与错置：传播学史中的法兰克福学派 |

丁·路德·金和肯尼迪的遇刺身亡，越南战争的受挫，全美反越战运动发展的顶峰，也发生在这一年。因此"1968年"更是具有了一定符号化的含义，学者们也喜欢用"1968年"来表示当时整个年代所处的状态，如它代表着"'反抗的一年'、'革命的一年'、'是创造新世界的尝试，是政治、文化和个人关系的新起点'的一年"①。本文借用马克·科兰斯基《1968：撞击世界的年代》的书名作为本节的标题，但所要关注的并非只停留在1968年，亦是以1968年特殊的一年，来代表20世纪60年代，显示整个世界所处的状态。

科兰斯基总结了四种历史因素促成了1968年的特殊性：当时方兴未艾的民权运动起了典范作用；这一代人自视与上一代人截然不同并有着强烈的疏离感，因而拒斥一切权威；一场受全世界共同憎恶的战争②为所有逆叛者提供了一个叛逆的理由；还有当所有这一切发生时，电视正方兴未艾，但尚不成熟，对电视的控制、精选和包装还没有到今天这样的程度。1968年，当天能收看到来自世界另一地的电视本身就是一个扣人心弦、崭新的技术奇迹。③

科兰斯基强调，当时世界各国的人们几乎都在反叛，尤其是年轻人。他们所表达出来的，也正是法兰克福学派多数学者成果中所批判的——对现存秩序、极权统治的不满及厌恶，诉求的正是法兰克福学派所强调的对人的解放、对自由的渴望。于是，在这样的全球政治背景下，法兰克福学派以一种未曾想到的方式——政治运动，也以一种从未有过的关注度，被推向了前台。

说起60年代美国学生运动，就不得不提"学生争取民主社会组织"（Students for a Democratic Society，简称SDS）。它由一个普通的学生组织，逐

---

① 郑春生．拯救与批判：马尔库塞与六十年代美国学生运动［M］．上海：上海三联书店，2009：2．

② "一场受全世界共同憎恶的战争"指的是始于1959年的越南战争。

③ 参见马克·科兰斯基．1968：撞击世界的年代［M］．上海：生活·读书·新知三联书店，2009：12．

第一章 传播学史与身处其中的批判学派

步发展成为60年代美国学生运动中最重要的左倾倾向的学生运动组织。"1964年8月北部湾事件后,美国对越南战争扩大化,从特种战争转变成局部战争。从此以后,反对越南成为学生运动最重要的主题。1964年9月14日,伯克利大学(其全称为加利福尼亚大学伯克利分校)校方发布一系列禁止在大学校园内进行政治活动的禁令,从而引发了著名的言论自由运动。这标志着美国学生运动进入一个新的发展阶段。"① 自此,学生运动成为60年代美国社会运动不容忽视的一支力量。伯克利大学所在的西海岸高校成了学生运动的主战场,伯克利大学更是"成为吸引左翼朝圣的激进主义的麦加圣地"。② 1968年4月至5月,哥伦比亚大学的学生运动,是整个学生运动有史以来规模最大的学生反抗运动。在这场运动中,丹尼尔·贝尔、沃勒斯坦等知名教授学者都卷入了其中。

越南战争是美国学生运动爆发的重要动因之一。丹尼尔·哈林宣称,越南战争为"一场电视上的战争""美国军队是在电视聚光灯下所进行的战争"。③ 托德·吉特林亦谈到20世纪60年代大众媒体是一股重要的政治力量——尽管大家并不是很清楚与以往的传统政治力量相比,这种政治力量究竟是一种什么样的政治力量。他表达了与哈林类似的观点,在某种程度上,电视对越战产生了影响。电视评论家迈克尔·阿伦(Michael Arlen)将越战期间的报道形容为一场"直播间的战斗"。在接下来的几年里,无论是挺战分子、

---

① 郑春生. 拯救与批判:马尔库塞与六十年代美国学生运动[M]. 上海:上海三联书店,2009:20. 在1964年9月自由言论运动兴起之前,学生所针对的对象多是黑人民权运动,运动发生的院校多在美国南部高校。而自由言论运动兴起之后,学生运动的主战场转移至美国西海岸的高校,尤其以加利福尼亚州的一些高校为主。追求与切身利益相关的权力和带有理想主义色彩的自由、平等等,是20世纪60年代美国学生运动爆发的主要原因。

② 彼德·科利尔、戴维·霍洛维茨. 破坏的一代:对六十年代的再思考[M]. 北京:文津出版社,2004:162—163.

③ Daniel Hallin. The "Uncensored War": Media and Vietnam. Oxford: Oxford University Press. 1986: 105.

| 想象与错置：传播学史中的法兰克福学派 |

反战分子，还是各种各样的政治党派逐渐意识到，大众媒体的光环将社会世界染上了不同的色彩，媒体围绕在它们的周围，不管这意味着什么，但都不可忽视。1968年8月，数以千计的警察、军队以及国民警卫队的人员严阵以待，而游行示威者则冲着摄像机的镜头大声喊道："全世界都在看（The Whole World is Watching）"，仿佛这些示威者们找到了救命稻草一般。[①]

60年代社会运动中，媒体的作用不仅只是对于运动的报道及渲染，而且还有对价值观的传播，如自由、平等、正义等价值观念。美国的电视媒体广泛地报道有关民主、自由的理念。从马丁·路德·金的画面反复出现，到种族隔离和越战等报道，美国媒体从正反两面的案例，不断强化民众的理解。"马丁·路德·金《我有一个梦想》在电视上一遍一遍地播放的时候，它对公众的政治信仰是一个极大的冲击，不论黑人的民权状况究竟如何，但是，公众对'自由''平等'的政治认知水平有了一个跨越式的提高。"[②]

难以想象，法兰克福学派的赫伯特·马尔库塞与这场席卷整个全球的学生运动紧密结合，甚至被誉为"60年代西方学生运动的精神领袖""青年造反之父"。自20世纪30年代，随着法兰克福社会研究所的迁移，他也流亡美国。虽然德国、意大利等国家的学生运动亦受到马尔库塞的影响，他多次被邀重返德国作大型演讲、出席会议等。但相比之下，美国学生运动受他的影响更为直接、深刻，比如他对发达工业社会的批判、爱欲解放论、学生革命主体论的观点等。

二战之后，随着社会工业化和科学技术的发展，整个社会成为一台精密

[①] 参见 Todd Gitlin. *The Whole World Is Watching*: *Mass Media in the Making & Unmaking of the New Left*. Berkeley: University of California Press. 2003: preface. 托德·吉特林使用"全世界都在看（The Whole World Is Watching）"这个口号，作为这本有关20世纪60年代的美国学生运动著作的书名。

[②] 谢岳. 大众传媒与民主政治：政治传播的个案研究 [M]. 上海：上海交通大学出版社，2005：116. 转引自郑春生. 拯救与批判：马尔库塞与六十年代美国学生运动 [M]. 上海：上海三联书店，2009：92.

的仪器。这也正是赫胥黎、阿多诺、马尔库塞等对当时的美国社会批判的出发点。而对于美国大学，也有类似的看法，"大学已成为美国社会特殊的历史的组成部分，为美国工业的需要服务，是生产某种工业和政府所需要的产品的工厂"[1]，"大学的任务就是为社会这台大机器生产合格的零部件，学校正前所未有地实现着与工业生产的合并""大学成为社会的工具，或者，以美国为例，大学成为那些统治这个社会的人的工具。……（学生）希望学一些和世界、和他们自身有关的东西——评估自身的能力，评判这个远比大学校门内令人畏缩的、复杂的世界，估计如何与它达成最佳的妥协。……总而言之，他们追求我们过去所说的'自由教育'。二十年前他们在大多数好的大学里都能找到这种'自由教育'，但今天找到的可能性却几乎为零。"[2] 而60年代的美国大学生，不愿成为这台大机器生产的机械的零部件，成为科层化的规训产物。而马尔库塞一系列著作中，对导致人们丧失批判的、否定的内心，对发达工业国家的批判，以及对人性自由的强调，契合大学生的不满和诉求。1967年底，意大利罗马大学学生在游行示威中，高举"马克思、马尔库塞、毛泽东"（Marx, Marcuse, Mao）的标语。这也是"三M"标语首次出现。自此，"三M"标语成为各国学生运动的一个口号，响遍世界，他们也成为学生们的精神偶像。马尔库塞瞬间成为媒体、学生们的宠儿，从历史的后台走向了聚光灯的中心。马尔库塞从后台走向前台，固然有其自身具备精神偶像的素质，但这尚不足以让他从众多知识分子中脱颖而出，当时媒体在其中起的作用至关重要。正如托德·吉特林强调的，60年代的媒体不只是报道事件，甚至会影响到事件的进程。若是媒体试图让事件吸引更多民众的关注，就需要使得运动的报道更具看点，塑造一位精神领袖，就是一个绝好

---

[1] Isaac Berkson. *Theories of Americanization: A Critical Study (I)*, New York. 1980: 59.

[2] Elvin Abeles. *The Student and the University: A Background on the Campus Revol.* New York. Parents' Magazine Press. 218, 142. 转引自郑春生. 拯救与批判：马尔库塞与六十年代美国学生运动［M］. 上海：上海三联书店，2009：31, 32.

| 想象与错置：传播学史中的法兰克福学派 |

的办法。①

虽然马尔库塞不在意，甚至不想成为这样的精神领袖，对于媒体赋予的各种称呼头衔，更是置之不理。但是，如托德·吉特林所言："一旦成为公众人物，永远都是公众人物。"② 马尔库塞在媒体造神行为的面前，显得无能为力。有人会问，马尔库塞的《单向度的人》《论解放》《爱欲与文明》等著作中，对资本主义的理论批判，亦能在法兰克福学派其他学者的著作中发现相似的观点，有些研究的影响甚至远甚于马尔库塞，比如阿多诺。但为何单单只有马尔库塞一人深得学生及媒体的欢心？

在 60 年代初期，霍克海默、阿多诺和哈贝马斯对学生运动的态度，是持支持的态度。③ 1967 年，霍克海默就美国发动越南战争是持这样的态度："如果美国要进行一场战争的话——你们要听好了——进行这样一场战争不只是要保卫祖国，而是从根本上来说是捍卫宪法、捍卫人权。……如果美国不加

---

① 在当时美国，对西方学生运动产生重要影响的知识分子，不只是马尔库塞一人，还有让·保罗·萨特、诺姆·乔姆斯基、赖特·米尔斯、阿尔伯特·加缪、保罗·古德曼等这些当时在美国名气大于马尔库塞的学者。而为何马尔库塞能从这些学者、批判理论家中脱颖而出，不仅与马尔库塞理论观点、个人性格等有关，而且部分学者的早逝也成就了马尔库塞。郑春生在《拯救与批判：马尔库塞与六十年代美国学生运动》中较为全面地诠释了这一原因。他认为，虽然作为法国存在主义的代表人物，萨特和加缪也关注人、人的存在、人的自由，青年人的立场也符合萨特的立场，但是 60 年代，存在主义内部的矛盾和问题使得其走向衰落，更为关键的是，加缪、萨特分别在 1960 年、1961 年已经去世。赖特·米尔斯以《白领》《权力精英》等著作对美国社会进行了深刻的批判，在当时影响亦很大，但是可惜 1962 年，他 46 岁时就英年早逝。保罗·古德曼则号召学生们以罢课、退学等形式进行反抗，虽然他在 60 年代尚健在，但是他的主要影响还只是美国的学生，对欧洲影响甚微。而诺姆·乔姆斯基因积极反对越战，而成为美国左翼自由社会主义知识分子的代表，也以对美国和其他国家政府的批评而著称，但是他尚无对资本主义令人震撼的批判。

② Todd Gitlin. *The Whole World Is Watching*: *Mass Media in the Making & Unmaking of the New Left*. Berkeley: University of California Press. 2003: 109.

③ 霍克海默、阿多诺自 20 世纪 50 年代初，返回法兰克福之后，他们的活动就主要限于欧洲大陆，在 60 年代的学生运动中，他们的影响更是主要局限于德国大学生的范围之内。哈贝马斯亦是如此。

| 第一章 传播学史与身处其中的批判学派 |

干涉的话,不把德国和欧洲最终从可能的极端暴政中解放出来,我们就不能聚集在这里自由地说话。"① 阿多诺,即便不像霍克海默那番站在美国一边,他也始终跟参加抗议运动的学生们保持着联系。一直以来,他们并不希望自己的理论成为抗议运动的"圣经",不认为靠激进的行为反抗可以解决社会问题。1967年6月2日,德国大学生本诺·奥内佐格在参加反对游行示威时,被警察开枪打死。此次事件成了一些学者态度转变的节点,也逐步激化了批判理论学者和大学生们之间的分歧。1967年7月7日,阿多诺在柏林自由大学大礼堂作有关"歌德的《伊菲格涅亚》中的古典主义"报告。这次讲座充满着不愉快,甚至对峙的气氛。② 阿多诺的反应代表了相当一部分试图远离政治事务的学院派老师的态度,他只是通过作品来传播批判思想给在联邦德

---

① 洛伦茨·耶格尔. 阿多诺:一部政治传记[M]. 上海:上海人民出版社,2007:266.
② 对于阿多诺此次讲座,存在两种不同的描述。一是耶格尔在《阿多诺:一部政治传记》中是这样描述阿多诺的此次报告:1967年6月7日,阿多诺在柏林自由大学的大礼堂作"歌德的《伊菲格涅亚》中的古典主义"报告。在又一次阐述他那无私人性的思想时,"第二公社"散发了讥讽他的传单:"科学界伟大的察姆帕诺驾到了!这个老朽的阿多诺想和我们说什么,还有他那让我们作呕的理论,因为它没有说我们应该怎么放火烧掉这座可恶的大学,再加上几幢美国人住的房子。"二则是罗尔夫·魏格豪斯《法兰克福学派:历史、理论及政治影响》一书中谈论及阿多诺此次报告则是:阿多诺于7月7日来到柏林做了一次演讲……在演讲结束时,一名学生准备送给阿多诺一只红色充气泰迪熊(笔者注:阿多诺的名"Theodor"简称即为"泰迪"),可另外一名学生从她手里打掉了这只玩具熊。阿多诺气愤地说这是"极具野蛮的行为"。魏格豪斯并没有提及耶格尔书中的细节,即便在报告时间上也存在前后一个月的时间差别。笔者在查阅一些英文资料及著作后,发现7月7日是阿多诺做演讲的真正时间,结合哈贝马斯6月9日对柏林大学生的那次报告内容,耶格尔笔下那些学生们的态度也就能更好地理解了。虽然有关阿多诺此次报告中学生反应细节不同,但都能看出无论是阿多诺还是大学生们,这次讲座的结果,双方都是不愉快的。阿多诺、哈贝马斯对学生运动的态度,就是指德国的学生运动,几乎不涉及美国学生运动。因此,地域性亦是影响到其影响力的一个重要因素。1969年阿多诺的去世,多少也与学生运动有关。1969年4月22日,阿多诺在作讲座之际,有大学生在分发印有"以前的阿多诺已死"的传单,而且三名女大学生围住他,上演哑剧,最后,在周围人群的起哄中,掀起衣服裸露她们的乳房。几个月后,阿多诺就因心脏病去世。

| 想象与错置：传播学史中的法兰克福学派 |

国重建时期日益觉醒的反对派。他在公众场合不愿谈及著作所造成的影响，既不公开地认同这些影响，也不与之保持距离。但是，他对于激进的学生运动是持反感的态度，他认为学生的行为与独裁并无太大的差别。

回到1967年6月9日，也就是被警察击毙的学生本诺·奥内佐格的葬礼当天，德国左派学生在汉诺威举办了名为"大学与民主：形势和反对派组织"的会议，这是左派学生第一次举行全国性的大会，哈贝马斯作为受邀教授代表之一，出席会议并作发言。哈贝马斯试图界定大学生的政治角色，一方面肯定了学生运动对于批判现存制度问题所起的作用，另一方面又强调学生运动不应该超出其角色范围，这种试图理解世界又要改变世界的努力引发种种不满。哈贝马斯在回应学生的批评时，使用了"左派法西斯主义"来形容那些激进的学生们。"左派法西斯主义"的名号，是德国左派学生所不能容忍的，直接导致了哈贝马斯和左派学生的决裂。在看待激进学生运动这一问题上，阿多诺和哈贝马斯持有相同观点：支持理性的民主运动，反对使用暴力；坚持有序的社会改革理念，反对具有破坏性的社会运动。

1967年7月，特意从美国返回柏林演讲的马尔库塞，却与阿多诺、哈贝马斯不同，他一如既往地支持学生运动。正如麦克莱伦所说："马尔库塞是法兰克福学派中最著名的、也是研究所最初的成员中唯一没有放弃他的早期革命观点的人。"[1] 在马尔库塞给阿多诺的信件中，更为直白地袒露了自己的态度：

我们不能忽视的是，这些学生一直受到了我们（至少是你的）影

---

[1] 麦克莱伦. 马克思以后的马克思主义 [M]. 北京：中国社会科学出版社，1986：351. 转引自郑春生. 拯救与批判：马尔库塞与六十年代美国学生运动 [M]. 上海：上海三联书店，2009：64.

第一章 传播学史与身处其中的批判学派

响……我们知道（他们也知道）现在并不具备革命的形势，甚至还不是革命前夜的形势。但是当前的形势却又如此的壳牌，如此令人窒息和屈辱，以至于不得不迫使你做出反应：你无法忍受它，你感到窒息，你不得不呼吸空气。这种新鲜的空气不是"左派法西斯主义"的空气，而是我们（至少是我）所向往着的空气。①

这一论述可以比较出阿多诺、哈贝马斯对学生运动态度的转变，以及马尔库塞一如既往的坚定支持。② 这也是为何马尔库塞成为唯一一位被学生运动奉为精神领袖的法兰克福学派学者的原因。除了马尔库塞一如既往支持学生运动的肯定态度外，他身处美国西海岸的地理因素，亦是一个重要原因。

虽然早在1965年之前，马尔库塞就出版了《单向度的人》《爱欲与文明》等著作，但是知之者并不太多，犹如40年代的霍克海默、阿多诺等人，美国媒体对他的报道更是少之又少。在1960—1964年间，马尔库塞的名字出现在《纽约时报》共有10次，但其中8次是有关书讯或新书广告，而1965—1967年间，在《纽约时报》和《洛杉矶时报》总共才出现16次。伴随着1968年学生运动发展的顶峰，即便学生反抗运动在1969年就开始衰落，在1968—1969年两年间，他在《纽约时报》和《洛杉矶时报》总共出现了近200次，而在1970—1979年，马尔库塞在《纽约时报》上出现了206次，

---

① 罗尔夫·魏格豪斯. 法兰克福学派：历史、理论及政治影响［M］. 上海：上海人民出版社. 2010：832.

② 从对待学生运动态度这个问题上，我们就可以看出法兰克福学派内部基本上很少出现完全一致的态度，呈现出的是一种多元化的态势。既然如此，被建构成跟美国传播研究主流范式对立的法兰克福学派，自身就很难构成一元的体系。

59

| 想象与错置：传播学史中的法兰克福学派 |

在《洛杉矶时报》出现了76次。① 这再次验证了吉特林的那句话"一旦成为公众人物，永远都是公众人物"。

媒体如此大的报道力度及持久度，不仅扩大了马尔库塞在美国普通民众间的知名度，而且对法兰克福学派的宣传起到了推波助澜的作用。很难想象，当年拒绝为暴力社会运动代言的法兰克福学派，恰恰是以他们不愿意看到的方式，从历史的后台走向了前台。霍克海默、阿多诺等法兰克福学派第一代学者的著作此时引起广泛关注，《启蒙辩证法》英文版的问世是1974年。此时距霍克海默、阿多诺离开美利坚，重返法兰克福已20多年，霍克海默、阿多诺等人已过世。

施拉姆出于学科建制的目的，为获取学科身份的合法性，而有目的地选择了拉斯韦尔、拉扎斯菲尔德、勒温和霍夫曼四位学者作为传播学科的奠基人。这样的选择势必有着"以学科现状为关注的重点，替学科现状辩护"，"厚今式"的认识论偏好和书写策略，所以在其预测范围之外的研究对象，如法兰克福学派、芝加哥学派、李普曼，等等，都不会进入施拉姆的传播谱系之中。

而20世纪60年代席卷全球的新左派社会运动，却将法兰克福学派从幕后拉至了整个世界的前台，被世人尤其是美国民众广为知晓。英语国家的民众注意到了法兰克福社会研究所成员早期经典著述。或许从影响力而言，那个年代可以说是法兰克福学派的黄金年代，但却未必是法兰克福学派学术研究的顶峰。随着法兰克福社会研究所两任所长阿多诺和霍克海默的先后逝世，法兰克福学派开始走下坡路。霍克海默和阿多诺生前极力排斥激进的学生运

---

① 该部分引述有关美国报刊报道马尔库塞的数据皆来自郑春生《拯救与批判：马尔库塞与六十年代美国学生运动》一书。他以ProQuest历史报刊数据库的关键词搜索的方式而得出上述数据。

动，拒绝为这些运动代言呐喊，但现实却开了一个玩笑。因为新左派运动的大肆宣扬，霍克海默和阿多诺在美国社会研究领域的影响力，在他们离开美国 20 多年之后才凸显出来。而此时美国传播学科正在经历着学科范式危机，美国的传播学者也注意到了霍克海默和阿多诺完全不同于美国主流传播研究范式的研究路数，认为他们的研究似乎可以缓解当时的学科范式危机。在这样的背景之下，霍克海默、阿多诺等法兰克福社会研究所的成员走进了美国传播研究者的视野。

第二章 法兰克福学派的批判研究和经验研究

倘若要说法兰克福学派对传播研究领域主要贡献的话，少不了"正是它的进入，才让传播研究有了'批判学派'（critical school）与'经验学派'（empirical research）[或称为'批判研究'（critical research）与'行政研究'（administrative research）①]两种迥然不同的研究范式"，这样有关批判学派和经验学派二元对立的话题。

"传播研究领域常用'经验学派'代表以量化研究为主的美国传播研究效果研究；而从马克思理论架构来解读社会及传播之间关系为主的研究则称为'批判学派'。这个分类不但过分简化，而且容易造成误导印象，似乎批判学派就不做经验研究，经验学派就完全不具批判能力"，"事实上，近年来已有许多学者（Gitlin, 1980；Slack and Allor, 1983；Real, 1983）指出，两派的差异绝非仅是研究方式的差异（如前者重研究，后者重理论）；而是两者在事实认定、知识标准及目的论等层次上均有不同的哲学观点，以至基本社会理论架构，如对权力运作的假设、对阅听人及媒介的社会角色及其研究

---

① "批判学派"（Critical School）、"经验学派"（Empirical School），与"批判研究"（Critical Research）、"行政研究"（Administrative Research）所指向的对象一致，主要指代传统意义上，传播研究中两种不同的研究范式，只不过所采用的冠名不同罢了。后者的说法最早由拉扎斯菲尔德在 Remarks on Administrative and Critical Research（1941）一文中提出。

第二章 法兰克福学派的批判研究和经验研究

方式等均有所不同。"①

罗杰斯认为:"批判学派和经验学派对于大众传播在社会中的作用的看法极其不同。批判学者认为,大众传播被现存的制度用来指控社会,而经验主义学者认为媒体能够帮助改进社会中的社会问题,并能够引导渐进的社会变化。对于批判学者来说,关键的问题是谁拥有和控制大众媒体,这是一种宏观的看法。经验主义学者主要关注媒体对于个体受众成员的效果,这是一种微观的看法。"② 罗杰斯对批判学派和经验学派的评断,正是传播领域中看待两种研究方式区别的一种较为"主流"的声音,"谁拥有和控制大众媒体""宏观""媒体对个体受众成员的效果""微观"这些字眼,也成为区分两者的关键所在。这样的分类同样过于简化,容易留下另一种错误的刻板印象:批判学派对微观层面的研究持有批判态度,经验学派的研究只限于追求微观层面的技术研究。其实不然,作为批判学派典型代表的法兰克福学派早在20世纪30年代就以经验研究的方式进行多项研究,最为经典的著作则是20世纪50年代出自阿多诺等社会研究所成员之手的《权威主义人格》。还是罗杰斯,他写于1982年的《传播研究中的经验学派与批判学派》(The Empirical and The Critical Schools of Communication Research),对整个传播研究领域中的

---

① 张锦华. 传播批判研究 [M]. 台北: 黎明文化事业有限公司. 1994: 229.
② 罗杰斯. 传播学史: 一种传记式的方法 [M]. 上海: 上海译文出版社. 2002: 107.

| 想象与错置：传播学史中的法兰克福学派 |

批判学派与经验学派做出了更为细致入理的学理分析。① 要深入了解两者的异同，还得回到最先涉及此概念的两篇文章，尽量观其源而知其流。

第一节 二元对立的文本起源

法兰克福学派的理论被后来者称为"批判理论"，出处正是马克斯·霍克海默1937年发表在《社会研究学刊》② 的《传统理论和批判理论》（*Tradi-*

---

① 罗杰斯出版于1994年的《传播学史：一种传记式的方法》是通过一种传记式的编史方式，在一个个彼此有所关联的学者及其思想的基础上，描绘了一幅传播学史的图景。不得不承认，这是一个较为独特的切入视角。这也使得该书具有较强的可读性。同样也有学者认为此书对于传播学史的书写是"浅出而不深入，有源而不见流"。此书中对批判学派等欧洲起源方面的论述，无论从论述的深度还是占全书的比例，都远远不及对施拉姆的着墨。某种程度上，此书更像是为施拉姆立言。这一点，在比较他的《传播研究中的经验学派与批判学派》（*The Empirical and the Critical Schools of Communication Research*）一文后，也能有所发现。这篇文章对"经验学派""批判学派"术语的产生，其时的经验学派、批判学派各自的发展状况及地理分布等方面做了较为细致的分析。更为难得的是，罗杰斯还就两个学派如何相互理解、共同发展传播学的问题，给出了自己的看法。但此文的最后两段话也直接表明了罗杰斯的立场，"我作为一位经验学派的成员，试图从经验学派理解受众能力的角度，努力客观地呈现出批判学派的一些观点，但是或许批判学派的成员会更喜欢从他们的角度来讲这个故事。也正是如此，彼此间的对话才得以开始。"（出自 E. M. Rogers, *The Empirical and the Critical Schools of Communication Research.* edited by Michael Burgoon, *Communication Yearbook* 5, An Annual Review Published by International Communication Association, 1982, p.140）。从20世纪70年代至80年代，罗杰斯的部分论著的确是想展开经验研究与批判研究间的对话，但反倒是随后的作品中，这样的对话欲望却慢慢消逝。这些相关内容，没有出现在《传播学史》一书中。传播研究的欧洲起源等内容，更像施拉姆那几个章节的注脚。如果从罗杰斯的身份立场上出发，或许这也不足为奇。

② 《社会研究学刊》的前身是社会研究所的《社会主义和工人运动史文献》。霍克海默出任法兰克福社会研究所所长后，对后者进行了改版。《社会研究学刊》在之后法兰克福学派的发展历程中，起到了重要作用。它也达到了霍克海默创办之初的目的，即成为一个为各种不同观点的社会哲学研究提供讨论发表的平台。本文也将会在接下来的章节对其进行相关论述。

| 第二章　法兰克福学派的批判研究和经验研究 |

tional and Critical Theory）。他在此文中第一次使用"批判理论"这一概念来表述自己的哲学观，并对"批判理论"做了完整、经典的表述。"由于该文标题与结构所采用的两分法，内容的概括性，成了霍克海默最为著名的代表作。"[①] 罗杰斯的一段话也验证了有关批判学派这一概念由来的故事："一般而言，他们喜欢被称作批判的理论家，这个名称是由他们的领导人 M·霍克海默在他的文章《传统理论和批判理论》中所起的。……批判理论是霍克海默对于马克思主义的理解；这个词是从把马克思主义描述为政治经济批判和资本主义的批判的传统做法中派生而来。"[②] 当然，霍克海默提及的批判理论也并非是他在 1937 年突发奇想。早在 1931 年 1 月，霍克海默接任法兰克福大学社会研究所所长一职，在题为《社会哲学现状和社会研究所的任务》（*The Present Situation of Social Philosophy and the Task of an Institute of Social Research*）[③] 的就职演说中，他就明确提出，"社会研究所的任务是建立一种社会哲学，他不满足于原来对资本主义社会进行经济学和历史学的实证性分析，主张对整个资本主义社会进行总体性的哲学批判和社会学批判，从而开始倡导'批判理论'"。[④] 1931 年至 1937 年间，霍克海默以一系列的文章描绘有关

[①] 罗尔夫·魏格豪斯. 法兰克福学派：历史、理论及政治影响 [M]. 上海：上海人民出版社. 2010：249.

[②] 贝尔纳·米耶热. 传播思想 [M]. 南京：江苏人民出版社. 2008：26—27.

[③] 马丁·杰伊把霍克海默的就职报告译为 *The Current Condition of Social Philosophy and the Task of an Institute of Social Research.* 罗尔夫·魏格豪斯则翻译为 *The Present State of Social Philosophy and the Tasks Facing an Institute of Social Research.* 这些不同的译名，实指同一份报告，只不过各人译法的偏好。但本文采用霍克海默编写的 *Between Philosophy and Social Science：Selected Early Writings* 一书中的英译名，即 *The Present Situation of Social Philosophy and the Task of an Institute of Social Research. Max Horkheimer：Between Philosophy and Social Science. Selected Early Writings.* Cambridge：The MIT Press. 1993：1.

[④] 陈士部. 法兰克福学派批判理论的历史演进 [M]. 合肥：安徽大学出版社，2010：20.

批判理论的蓝图。① 而1931年的就职演说，更是成为研究所发展的代表宣言，霍克海默本人也一再援引这个演说，如在1951年研究所重新运作的庆祝典礼上。② 可见，无论是对霍克海默，还是整个法兰克福社会研究所，他的就职演讲更像是一次对外的学术宣言。

在《传统理论和批判理论》中，霍克海默认为理论有一种媒介（the medium）的作用，它把属于不同分支的结论统一起来，归属于一个共同原则。一方面是"传统理论"的特殊形式，另一方面是"批判理论"的特殊形式。两者截然不同，彼此间的区别超出了理论自身的范围，其本质差异则是陷入了一种意识形态的冲突之中。③ 霍克海默在此篇文章中所做的正是详尽地去描述、再现这种被两种理论引起的意识形态之争。

霍克海默指出，对社会有"两种认识方式：一种是以笛卡尔的《方法谈》为基础，另一种是以马克思的政治经济学批判为基础"。④ 以笛卡尔的《方法谈》为基础的方法正是霍克海默所说的传统理论方法。这种研究方法

---

① Now collected together in M. Horkheimer, *Kritische Theorie*, 2 Bds. Hg. A. Schmidt (Frankfurt 1968). 转引自 Paul Connerton：*The Tragedy of Enlightenment*：*An Essay on the Frankfurt School*. Cambridge：Cambridge University Press. 1980：27. 与大多数学者的观点一样，Paul Connerton 也认为，霍克海默自1931年上任伊始，就直接表露出他对批判理论的想法。但不同于其他学者的是，Connerton 认为在霍克海默1931—1937年间的作品中，最早、最为明显地展现出其个人批判理论观点的作品则是1932年的《论科学与危机》（*Notes on Science and Crisis*）。即便如此，30年代形成的批判理论，刚开始时也是一直在所谓的"霍克海默圈子"内发展，对社会公众没有产生什么影响，直至60年代，随着"五月风暴"，批判理论才走向社会，出现在公众意识之中。

② 罗尔夫·魏格豪斯. 法兰克福学派：历史、理论及政治影响［M］. 上海：上海人民出版社．2010：5.

③ Phil Slater. *Origin and Significance of the Frankfurt School*：*A Marxist Perspective*. London：Routledge & Kegan Paul Ltd. 1977：27.

④ Max Horkheimer：*Critical Theory*：*Selected Essays*. Translated by Matthew J. O'Connell and others. New York：The Continuum Publishing Corporation. 1982：244.

第二章 法兰克福学派的批判研究和经验研究

在自然科学的研究中取得了成功,即传统理论是以自然科学的研究为范式。传统理论认为关于人和社会的研究,也可以像自然科学研究一样,用一种因果联系的逻辑工具,来解释分析社会问题,就犹如笛卡尔科学方法"按照次序进行思考,从最简单、最容易理解的对象开始,逐步上升到对复杂对象的认识。即便是那些没有任何自然次序的对象,也会给它们假设好次序"。[1] 传统理论是以一种概念和命题的内在逻辑关系展开的思考,而以马克思的政治经济学批判为基础的批判理论关注的不是命题之间的关系或者概念之间的关系,而是聚焦于命题在现实中的实现。[2] "它(批判)并非仅仅依据孤立的材料和概念来衡量每一历史阶段,而是根据每一历史阶段的原始和整体内涵、根据把这种内涵看作是起决定性作用的东西,来衡量每一历史阶段……"[3] 霍克海默引用马克思对资本主义社会经济过程的分析来说明,批判理论通过分析抽象概念所揭示的社会内在机制,分析了社会现实的历史进程。霍克海默还认为传统理论和批判理论的另一个分裂点在于对个体与社会关系的不同看法。前者认为:"这个世界存在着,人们必须接受它。每一社会成员的个体思维乃是社会反映的一种,人们试图通过这些反映以最能满足他们需求的方式适应现实。这就出现了社会与个体之间的区别。"[4] 在传统理论中,作为个体的人都是被动的、只具有接受能力。在历史进程中,人都是处于旁观者、被动参与者的地位。由于这种把个体和社会两者绝对化的区分,传统理论将历史的有效性理解为一种自然条件,在某种程度上,也就决定了传统理论是

---

[1] Max Horkherimer:*Critical Theory*:*Selected Essays*. Translated by Matthew J. O'Connell and others. New York:The Continuum Publishing Corporation. 1982:189.
[2] 参见霍克海默. 批判理论 [M]. 重庆:重庆出版社. 1989:213—216.
[3] 霍克海默. 批判理论 [M]. 重庆:重庆出版社. 1989:213—216.
[4] 上海社会科学院哲学研究所外国哲学研究室. 法兰克福学派论著选辑 [M]. 商务印书馆. 1998:49.

支持资本主义的社会现状。① 正是出于对传统理论关于个体与社会分裂观念的反对,霍克海默指出"世界,在其现有的和将来的形式下,都是整个社会活动的产物……人不仅仅在穿着打扮、在外在形式和情感特征上是历史的产物。甚至人们看和听的方式也是与经过多少万年进化的社会生活过程分不开的……"以及人的主权隐藏在知识中,被感知的事实享有人的思想的渗透。"从这一点上,工具是人的器官的延伸这个命题可倒过来说成是'人的器官是工具的延伸'。在文明发展的高级阶段,有意识的人的活动不仅无意识地决定着感觉的主体方面,而且在很大程度上也决定着客体。"② 霍克海默正是用这种高度辩证的方法,提出了他对"社会"和"个体"的整体概念问题。"'个体'表现其自身为被动依附的。'社会'由个体组成,但是主动的,尽管是不自觉的,也是非权威的。社会生活方式要么依靠直接的压迫,要么就是由对抗势力所造成的盲目结果;总之,并非由自由个体有意识的行动结果。在资产阶级条件下,社会活动是盲目但具体的,而个体活动是抽象但有意识的。"③

简而言之,霍克海默眼中传统理论与批判理论最大的不同点是:(1) 立场不同。传统理论从维护现存社会制度出发,而非从变革社会制度的角度出发,接受现存社会制度,认可其正当性、合理性,立场是保守的;而批判理论则是对现有的制度采取批判的态度,立场是革命的。(2) 认识论不同。传

---

① 形成于十七八世纪的传统理论,它的主要任务是要摆脱旧教条的束缚,推动资本主义经济的发展。而资本主义社会结构又塑造了传统理论的特性,使其从社会总体活动中分离出来,主要述说在某个独立领域内的意义。在资本主义条件下,传统理论在沿着自己已经设计好的道路前进中形成了科学危机,它起着建设、维护这种社会的作用。可参见黄小寒. 传统理论的局限与批判理论的主题. 教学与研究 [J]. 2010.2:77.
② 上海社会科学院哲学研究所外国哲学研究室. 法兰克福学派论著选辑 [M]. 商务印书馆. 1998:51.
③ Phil Slater. *Origin and Significance of the Frankfurt School: A Marxist Perspective*. London: Routledge & Kegan Paul Ltd. 1977:27—28.

| 第二章 法兰克福学派的批判研究和经验研究 |

统理论是从现存经验事实出发,认为理论仅仅是一种对客体的反映,从而忽视了对人这一主体的关心和对人的作用的认识;而批判理论恰恰相反,重视、关心、意识到人作为主体的作用,把人看作是社会历史的生产者。

霍克海默的批判理论,试图置身于现存的制度,即资本主义制度之外,从而通过批判,使身处其中的人们能意识到所处的社会环境——资本主义社会——的基本矛盾和人的异化。

《传统理论和批判理论》的意义不仅在于,霍克海默通过批判理论与传统理论的对比,界定了批判理论这一概念,为法兰克福社会研究所确定了新的研究方向和批判主题,也为研究所的其他成员规划了大致的研究方向,同时为研究所的成员,包括阿多诺、马尔库塞、洛文塔尔等在批判理论领域的研究奠定了基调。霍克海默所设定的研究基调,主要停留在学派第一代成员。哈贝马斯在谈及他作为法兰克福研究所成员所写的第一个文本,即对科学的批判时,认为促使他批判的因素可能来自霍克海默、阿多诺的《启蒙辩证法》,但不是《传统理论与批判理论》,因为他当时没有读过甚至不知道这篇文章,也就无从谈起它对哈贝马斯的影响了。

在某种程度上,这篇文章算是法兰克福社会研究所批判理论的奠基之作。或许是由于文章题目都使用了"critical"一词的缘故,后来传播学者把拉扎斯菲尔德1941年的《评行政和批判传播研究》(*Remarks on Administrative and Critical Communication Research*)一文作为对霍克海默《传统理论与批判理论》的回应。与其说是对霍克海默的回应,不如看作是拉扎斯菲尔德对与法兰克福学派合作经验的总结,主要是阿多诺参与合作的普林斯顿广播研究项目。

后来的美国传播学者之所以把拉扎斯菲尔德的这篇文章作为对批判学派批判的宣言,从时间维度上看,符合他们出自学科范式危机而选择靶子的意图。拉扎斯菲尔德一文也成为时任国际传播学会主席的罗杰斯在1982年国际

69

| 想象与错置：传播学史中的法兰克福学派 |

传播学会年会上的发言文稿立论的文本来源。罗杰斯的选择非常聪明，如果当时要选择一个与法兰克福学派有关联的学者的话，非拉扎斯菲尔德莫属。拉扎斯菲尔德奔赴美国之前，就已和法兰克福社会研究所展开了一系列学术合作。在他流亡美国之后，彼此间的合作反倒更直接、频繁。霍克海默委任他负责多项研究项目的数据处理工作，以及跟阿多诺在普林斯顿广播研究项目的合作。即便拉扎斯菲尔德后来转身离开传播研究领域，但是他对传播研究、社会学等领域研究方法的创新和突破，和他在美国高校创立研究机构的新模式，使拉扎斯菲尔德在20世纪50年代成为美国社会科学领域的知名学者，再加上施拉姆所打造的传播学科奠基人神话，在罗杰斯眼中，是最合适的人选。巧合的是，拉扎斯菲尔德一文的标题也是二分法的形式，涉及行政研究和批判研究的对比。无论是形式还是内容，都非常容易被人误认为是对霍克海默的一种回应。何况文章的发表时间是1941年，距离阿多诺和普林斯顿广播研究项目终止不到半年时间。种种巧合，都被后来者简单地认为是拉扎斯菲尔德的一种反击。虽然拉扎斯菲尔德在《论行政和批判传播研究》中，第一次区分了行政研究和批判研究，他认为行政研究是"通过某种公共或私人性质的行政性质机构所进行的传播研究"。[①] 拉扎斯菲尔德用了一半的篇幅，以拉斯韦尔的广播研究为例阐述什么是行政研究，"批判研究的观点是反对行政研究实践性的做法，它认为首要研究的是传播媒介在当前整个社会体制中的角色问题。……而批判研究主要是由霍克海默提出并发展起来的。"[②] 这样的内容，被认为是对霍克海默的一种回应。

[①] Paul Felix Lazarsfeld. *Administrative and Critical Communication Research*, in Studies in Philosophy and Social Science, published by the Institute of Social Research. 1941 (Vol. IX No. 1): 8.

[②] Paul Felix Lazarsfeld. *Remarks on Administrative and Critical Communication Research*, in Studies in Philosophy and Social Science, published by the Institute of Social Research. 1941 (Vol. IX No. 1): 9.

第二章 法兰克福学派的批判研究和经验研究

其实，通过之前对霍克海默《传统理论和批判理论》一文的分析，可以看出，在霍克海默等人看来，具体的传播研究问题根本不是其思考的对象，他所强调的是在整个社会科学甚至包括人文科学在内的领域，一种跨学科研究方法的重要性，而非针对某一个具体的学科。再者，霍克海默撰文所处的时代，也尚未出现传播学这一学科。回到拉扎斯菲尔德的文章之上，他在最后一段表露了写这篇文章的真正目的："哥伦比亚大学广播研究办公室之所以和《哲学和社会科学研究》合作这一期刊物，是因为我们意识到，只有对'研究任务'（task of research）有一个包容性的认识，才能让该领域有更多有价值的研究成果。……我个人的研究兴趣与研究方向集中于行政研究方面，也认为它作为一种方法，可以为当前那些具有挑战性的问题作出贡献，也能为新概念提供有用的解释。"[1] 读及此处，可以清楚地看到拉扎斯菲尔德的用意，他试图通过此文来为行政研究正名，而比较行政研究和批判研究，无非是想强调行政研究是一种可以和批判研究平起平坐、具备同等地位的研究方法。现在似乎对学术研究和商业等机构合作的研究方式习以为常，但是放在20世纪三四十年代，这绝对是一种新式的创意，也未必能被绝大多数传统象牙塔里的学者所接受。后来的事实也证明了这点：拉扎斯菲尔德开创的行政研究，和具有个人色彩的欧洲式的研究机构是他在美国学术界成名的关键，这种打破美国以往单纯的经院式学术研究方式成为美国众多社会科学领域争先模仿学习的模式。这也成为其他一些学者攻击拉扎斯菲尔德的缘由。

再回到撰写此文的背景，可以看出法兰克福学派与哥伦比亚大学社会研究局的对立更多是被想象建构的。

据阿多诺回忆，他第一次来到纽瓦克研究中心时，"根据拉扎斯菲尔德的

---

[1] Paul Felix Lazarsfeld. *Remarks on Administrative and Critical Communication Research*, in *Studies in Philosophy and Social Science*, published by the Institute of Social Research. 1941 (Vol. IX No. 1): 16.

建议,我从一个房间到另一个房间,和同事们交谈,听到'喜欢或是不喜欢研究''一个计划的成功或是失败'这样的话。……我第一次看到了'行政研究'(administrative research)。"[1] 阿多诺的回忆说明至少在1939年,也就是阿多和拉扎斯菲尔德合作广播研究项目伊始,拉扎斯菲尔德已经使用了"行政研究"一词,甚至可能会更提前。这说明拉扎斯菲尔德使用"行政研究",是出于他对研究项目的理解与思考,并非是在和阿多诺合作破裂之后,为了述说一种批判研究对立的研究方法而创造了这个词。

另外,刊发拉扎斯菲尔德文章的期刊是法兰克福社会研究所的刊物《哲学和社会科学研究》(Studies in Philosophy and Social Science)1941年刊。这一期刊物是社会研究所唯一一次使用英文作为出版语言的。该期刊物还刊登了阿多诺《论流行音乐》、拉斯韦尔《广播,一种减弱个人不安全感的工具》(Radio as an Instrument of Reducing Personal Insecurity)、赫尔佐格《论借来的经验》(On Borrowed Experience: An Analysis of Listening to Daytime Sketches)和

---

[1] Theodor W. Adorno. *Scientific Experiences of a European Scholar in America*, translated by Donald Fleming, in *the Intellectual Migration: Europe and America*, 1930—1960. the Belknap Press of Harvard University Press (1969): 342—343.

| 第二章　法兰克福学派的批判研究和经验研究 |

Dieterle《好莱坞和欧洲的危机》(Hollywood and the European Crisis)[①]、Siepmann《广播和教育》(Radio and Education)等。除了阿多诺的文章，拉斯韦尔与赫尔佐格的文章都是偏向经验研究，研究内容和霍克海默一贯所强调的社会研究所社会批判的研究方向有着不小的差别。[②] 假若当时法兰克福学派学者和哥伦比亚社会研究局学者的关系真如后来学者所描述的僵持或对立的话，以霍克海默的做法根本不可能刊发这些文章。即便阿多诺刚被迫结束普林斯顿广播研究项目的合作，但当事双方仍是较为和睦的合作关系，并没有过多的不快和矛盾。拉扎斯菲尔德和霍克海默、阿多诺等人的合作，并不是所描述的处于一种对抗和博弈的状态。

由此，笔者大胆地推测，拉扎斯菲尔德《论行政和批判传播研究》不是对批判学派宣战的檄文，而是为行政研究正名的宣言。拉扎斯菲尔德是赞同

---

① 赫尔佐格对日间广播肥皂剧听众的研究历来被视为"使用与满足"传统的先驱。而《论借来的经验》更是早期受众研究的经典研究范例。她采用了类似于后来拉扎斯菲尔德和默顿发展完善的焦点小组访谈方式，而放弃了对肥皂剧进行文本的内容分析。尽管她采取的是带有量化色彩的听众访谈技术，但是近年来，有学者从赫尔佐格的文本内容出发，认为她此篇观点是符合法兰克福学派的传统，甚至可以纳入法兰克福学派之内。赫尔佐格针对日间广播肥皂剧所提出的问题及其对答案所做出的相关分析均是围绕着人性、消费主义文化，以及两者之间的关系展开。这样的切入视角是和法兰克福学派的思路极为相似的，再加上她一直以来与社会研究所之间的合作。从这个例子可以看出，法兰克福学派和美国哥伦比亚社会研究局之间的界限并没有外人眼中来得那么泾渭分明，尚未达到你中有我、我中有你的和谐关系，但是他们对于一些现象的看法似乎是和大于分。在卡茨等人主编的《媒介研究经典文本解读》(Canonic Texts in Media Research: Are there any? Should there be? How about these?)中，哥伦比亚学派章节的论述是强调其研究的批判性研究，彼得斯直接使用"批判研究在哥伦比亚"(Critical Research at Columbia)作为文章标题。实然，传播研究中各学派在研究方法、研究视野的分野并非我们想象的那么巨大，这些研究学者都明白方法都只不过是过程，并非目的。他们真正的差异应该是目的，而非过程。倘若我们一直过分聚焦在这些过程、旁枝末节的话，势必会对过程背后的动因视而不见。

② 参见 Studies in Philosophy and Social Science, published by the Institute of Social Research. 1941（Vol. IX No. 1）: 49—120.

| 想象与错置：传播学史中的法兰克福学派 |

并认可霍克海默、阿多诺等人的研究方式的，也在一些研究项目上使用了类似的方法。

有学者认为，霍克海默《传统理论和批判理论》写于1937年，他已身在美国多年，因此其所指的矛头主要就是美国的经验研究，甚至批判理论就是为了反驳美国的经验研究而被创立的。其实不然，霍克海默自1931年上任伊始，就表露出他对批判理论的想法。Connerton认为在霍克海默1931年至1937年间的作品中，最早也最明显地展现出其个人批判理论观点的作品则是1932年的《论科学与危机》(Notes on Science and Crisis)。而他在1931年的就职演说《社会哲学现状和社会研究所的任务》中就萌发出批判理论的初步想法。因此，如果拿时间段来说霍克海默的批判理论是针对美国经验研究的话，这样的推断是站不住脚的。在就职演说中，霍克海默考察了社会哲学的现状，并重新制定了社会研究所的研究任务和方向，改变了第一任所长格吕恩堡"重史轻论"的做法，为社会研究所确定了社会哲学研究方向。而社会哲学这一新的研究方向，是日后批判理论创立的第一步。所谓"社会哲学，指对并非仅作为个体，而是作为社会共同体成员的人的命运的哲学阐释。社会哲学关心人类的全部物质文化和精神文化"。[①] 霍克海默对社会哲学的解释和理解，在《启蒙辩证法》中得到了最好的体现和验证。霍克海默还提到："哲学与物理学的结构范畴是相互冲突，以至于似乎很难将它们放在一起；……社会哲学根本不是具体科学。不如说，它是致力于研究社会化形式的社会学。它研究不同的能使所有人联系在一起的生活方式：如从家庭企业和政治组织

---

① Max Horkheimer. *The Present Situation of Social Philosophy and the Tasks of an Institute for Social Research*, in *Between Philosophy and Social Science: Selected Early Writings*. translated by Frederick Hunter, Matthew Kramer, and John Torpey. 1993: 1.

第二章 法兰克福学派的批判研究和经验研究

直至国家和整个人类。"[1]

霍克海默的就职演说体现了他在《传统理论和批判理论》一文中的部分观点，思路是贯穿始终的。有关社会哲学的观念，影响了社会研究所的第一代成员。20世纪40年代社会研究所的一系列研究成果，多是围绕着霍克海默所制定的研究方针。这与他任职伊始就强调的"由部长任命的所长是完全独立的，形成'所长负责制'""用集体研究活动来代表社会研究所的任务"[2] 相一致。

霍克海默所倡导的研究不过分留意一些表面的媒介现象，在意的是和社会相关的问题。即便是他们在传播研究、文化研究等领域广为流传的文化工业批判《文化工业：作为大众欺骗的启蒙》，也仅是作为《启蒙辩证法》一书的一部分，以对文化工业批判之名，从人的生存困境出发，以文化批判精神为动力，反思和批判启蒙以来的技术理性主义至上的文化价值观念，揭示被视为自由和解放意识的理性和启蒙，已不再是之前所宣称的自由和解放意识，反而成为原先所要推翻的"极权主义"。即便他们激进地批判美国大众文化，甚至可以说是一种毁灭性的批判，但是他们所做的目的是透过文化层面来反思现代性的问题，并未只在大众媒介层面停留。

---

[1] Max Horkheimer. *The Present Situation of Social Philosophy and the Tasks of an Institute for Social Research*, in *Between Philosophy and Social Science: Selected Early Writings*. translated by Frederick Hunter, Matthew Kramer, and John Torpey. 1993: 8.

[2] 参见 Max Horkheimer. *The Present Situation of Social Philosophy and the Tasks of an Institute for Social Research*, in *Between Philosophy and Social Science: Selected Early Writings*. translated by Frederick Hunter, Matthew Kramer, and John Torpey. 1993: 10, 14.

第二节 文化工业：人的全面异化

"经典化并不总是意味着'赐福'。有时候，经典化也意味着妖魔化。"霍克海默和阿多诺合著的《启蒙辩证法》中重要的章节《文化工业：作为大众欺骗的启蒙》验证了这一句话。"撰写一部文献来记载后人对这50多页内容的接受情况，基本相当于直接记录批判媒介研究的历史。就连一直和德国批判理论格格不入的英国文化研究的学者，对此也无法否认。……但在20世纪80年代，更具民粹主义色彩的文化研究学者批判他们过于沮丧，对大众的能力持有怀疑态度，进而将其界定为一种悲观的论调。"[1] 对于《文化工业》而言，喜欢的人会认为它是一个无比奇妙的文本，辩证思维严谨，思想性令人回味无穷。讨厌的人则觉得它晦涩，内容表达简单、粗暴，以偏概全，甚至是一无是处。无论喜欢与否，《启蒙辩证法》的基调是晦暗的，即便德国批判理论的学者，汉娜·阿伦特也认为霍克海默和阿多诺他们俩是"生活在黑暗时代里的人"（men in dark time），而法兰克福学派第二代学者哈贝马斯更是评价此书是"他们一生中最黑暗的作品"（their blackest book）。[2] 这篇充

---

[1] 参见伊莱休·卡茨，约翰·杜伦·彼得斯，泰玛·利比斯，艾薇儿·奥尔洛夫. 媒介研究经典文本研究 [M]. 北京：北京大学出版社. 2011：59.

[2] 马尔库塞和基希海默在1944年11月通过邮局收到了《启蒙辩证法》，当然他们俩是分别收到的，但是他们的反应却是大致相同的，就是对此书的内容困惑不解。他们所能做的也就是向霍克海默表示谢意。且此后一段时间里，他们都没有怎么提到这本书。他们俩的这种反应也正是这本书在未来很长一段时间内所遭受的待遇。引自 Rolf Wiggershaus. *The Frankfurt School*: *Its History*, *Theories*, *and Political Significance*. Translated by Michael Robertson. The MIT Press. 1994：344.

| 第二章 法兰克福学派的批判研究和经验研究 |

斥着晦暗、悲观基调的文章,也成为其他文化研究的学者们抨击的对象。他们认为,霍克海默、阿多诺自称是左翼人士,却又如此轻蔑民众的趣味和价值,其立场与观点自相矛盾;由于阿多诺对普通人的快感怀有敌意,他已成为"一个隐蔽的清教徒和苦行僧","阿多诺是一位精英统治论者,他的价值完全建立在精英知识分子的立场之上,他的理论假设因其缺乏经验上的论据而无法验证","把德国法西斯主义的独特发展历程套用于所有的资本主义国度是不科学的,若说有一个文化工业,试图由上而下,假借国家机器来整编其人民,并把人民任意摆布,认为他们只能在政治上处于被动状态,那么这样的情形是以极权国家为背景的,不是商业挂帅的资本主义社会",等等。①面对这些质疑、批判,需要回到霍克海默、阿多诺写作的时代及所处的情景,这样才能更为接近他们的论述。

此书是霍克海默和阿多诺在美国完成的,内容也是基于20世纪三四十年代美国的社会现象来揭示文化进步走向了其对立面的趋势。尽管如此,他们的本意不仅是针对美国社会或是文化工业现象,新版序言中表达了更为宏大的意图:"在今天,更为重要的事情是捍卫自由、传播自由、实现自由,而不是间接地促使世界走向宰制,这点也是我们在后来的著作中一直所关注并强调的。"② 正如书名后半段:哲学断片。这部著作的结构不甚完善,甚至可以说是不完整,因此这也使得该书作为批判理论的奠基石,内容上显得零散晦涩。到底谁是此书第一作者的问题,已无从考证,众说纷纭,部分版本是把阿多诺作为第一作者,而另一些则是霍克海默。后者的推测是基于《文化工

---

① Martin Jay. *Permanent Exiles*: *Essays on the Intellectual Migration from Germany to America*. New York: Columbia University Press. 1985: 121, 286. 转引自赵勇. 整合与颠覆:大众文化的辩证法 [M]. 北京:北京大学出版社. 2005: 101.

② 马克斯·霍克海默,西奥多·阿道尔诺. 启蒙辩证法:哲学断片 [M]. 上海:上海人民出版社. 2006: 2.

想象与错置：传播学史中的法兰克福学派

业》和霍克海默的《艺术和大众文化》（Art and Mass Culture）①所表述的思想较为相似。当时，霍克海默和阿多诺对于艺术和大众文化或文化工业的看法，是极其相似的。这点从他们俩各自在20世纪三四十年代的作品中可见一斑。有关此书作者的问题，唯一能确认的是阿多诺的夫人格蕾特·阿多诺是该书的记录员，正是她把霍克海默和阿多诺的讨论记录整理成册，才有了当前这本法兰克福学派的经典之作。②

"文化工业是法兰克福学派研究分析现代大众媒介的一个核心概念，近几年在我国的大众文化研究中所见颇多，并逐渐被一些传播学者所引用。但从

---

① 当下市面上就存在不同版本。笔者在英国所见此书的版本多为阿多诺在前，而美国的版本则是霍克海默排在前面。霍克海默在《艺术和大众文化》（Art and Mass Culture）一文中，对现代社会中的艺术进行了详细的剖析，其落脚点在艺术和大众文化之间不自然、不和谐的关系。前者的本质是展示人类的创造性本质，而真正的审美活动是自由的。但是在工业社会下的艺术，原有的那种自由化逐渐消失，在工业生产的标准化过程下发生了异化。霍克海默通过艺术，再次强调他的一贯观点：人性的价值。资本主义社会的发展，已经禁锢了个体，使得个人不得不屈服于强大的外部压力，失去了精神上的自由。此文载于Max Horkheimer：Critical Theory：Selected Essays. 1982：273—290。一些学者认为，《文化工业》的精髓跟霍克海默在《艺术和大众文化》中所表达的观点较为一致，因此认为霍克海默更像是第一作者。笔者同意上述观点，但阿多诺在《论流行文化》等文章中对爵士乐等流行音乐批判所表露的观点，如标准化等概念，也近乎相同。从这一点来说，谁是第一作者已经无关紧要，因为在当时，霍克海默和阿多诺两人的观点较为一致。这也证明了，霍克海默当初千方百计想让阿多诺来美国的计划是非常明智的。当时，霍克海默在和弗洛姆、马尔库塞等成员接触合作后，认为阿多诺才是和他思路最接近、最能合作的人。后来的现实的确也证明了这点。两人亲密的合作在阿多诺抵达美国之后就开始，一直延续至他们俩一同返回德国。即便没有再出现《启蒙辩证法》这样的合著之作，但是两人在很多问题上的观点和看法仍旧保持高度一致。这种情况在欧洲的批判学术界并不多见。

② 自阿多诺来到西海岸后，开始体现出其强烈的创作愿望，而且他的妻子几乎以一个全职秘书的职责来帮助他开展辩证法和反犹主义的研究，这一切都使得霍克海默最后不得不在阿多诺几个月来不断提出的提薪要求方面做出让步。而到了1944年初，阿多诺的工资已经提到了每月400美元。引自Rolf Wiggershaus. The Frankfurt School：Its History, Theories, and Political Significance. Translated by Michael Robertson. The MIT Press. 1994：324。

第二章 法兰克福学派的批判研究和经验研究

目前的情况观之,对这一术语的分析介绍还是显得不够,以至于误读误用不少。"① 要解决对文化工业的误读误用,要回到什么是文化工业和什么是文化这两个基本的核心概念之上。

英文里有两三个比较复杂的词,culture 就是其中一个,部分的原因是这个词在一些欧洲国家语言里,有着极为复杂的词义演变史。然而,主要的原因是在一些学科领域里以及在不同的思想体系里,它被用来当成重要的观念。

英文里,对于 culture 这个词的敌意似乎源自于对阿诺德的文化观的批判。在 19 世纪末 20 世纪初,这种敌意加深……另外一方面的敌意,是与 1914—1918 年世界大战期间或之后的反德情绪有关(反对德国人对于 Kultur 观念的宣扬)。……有意思的是,所有的敌意(唯一的例外是临时性的反德联盟)皆与强调下述意涵有关:知识优越(参校 Intellectual 这个名词)、精致幽雅、"高雅"(high)艺术——culture——与通俗(popular)艺术、娱乐的差异,它因此记录了一个真正的社会历史,以及一个非常困难与困惑的社会文化发展阶段。②

上述两段引文出自威廉斯的《关键词:文化与社会的词汇》中"文化"的解释。英语界对 culture 存在着"敌意",而这源自对英国学者马修·阿诺德的文化观批判。而英语界的学者对霍克海默、阿多诺文化工业的批判,多少地延续了对阿诺德文化观批判的思路。

阿诺德认为,所谓的文化,是特指"高雅文化"或"精英文化",即那些在漫长历史发展中逐渐为精英们所认可的西欧经典,包括音乐、雕塑、绘画、文学等艺术形态。阿诺德反复强调,文化就是或应该是对完美的探求与

---

① 黄旦,黄燕虹. 文化工业理论及其批判性思考 [J]. 新闻记者. 2004:5:23.
② 雷蒙·威廉斯. 关键词:文化与社会的词汇 [M]. 北京:生活·读书·生活三联书店. 2005:101,109.

追寻。深受阿诺德影响的利维斯，也认为文化是有高低之分的。在他们的分析中，大众文化缺乏道德严肃性和审美价值，与以前高雅、优美的英国文化相比相去甚远。他们甚至认为以前的文化如同整齐有序的英国花园，而现在的大众文化就是荒草丛生的野地。[1]威廉斯、霍加特等英国文化研究的学者对他们的前辈阿诺德、利维斯的大众文化观并不认同，相反，他们对大众文化持有更多的肯定态度。威廉斯等人强调普通民众意识中能动的一面，相信他们能够选择和创造自己的大众文化形式，以此反抗消费主义。从威廉斯、费斯克等人对霍克海默、阿多诺的文化工业的反驳中，我们亦可以读到类似的观点。但是，跟阿诺德、利维斯所不同的是，霍克海默和阿多诺没有刻意地看低大众文化，而且还特意区分了"文化工业"和"大众文化"之间的界限。

"文化工业"（culture industry）这个词，可能是在《启蒙辩证法》一书中第一次出现，但是霍克海默和阿多诺并没有在《启蒙辩证法》中对其进行概念界定阐释，而是到了1963年，阿多诺旧话重提时，才给出了相关解释。"在我们的初稿中，使用的是'大众文化'（mass culture），正式定稿时，才用'文化工业'代替了'大众文化'。目的就是为了避免一些像大众文化的倡导者通常所理解的那样，即大众文化是从大众自发成长起来的文化，是大众艺术的当代形式。因此，需要最大限度地将大众文化和文化工业区别开来。文化工业是把约定俗成的东西变成一种新东西。在其所有分支中，为大众消费量身定制的，并在很大程度上规定着消费本身的产品，按照计划制造出来的。就其结构而言，文化工业的各环节几乎是相同的，至少是互相适应的，它们构成了系统，一方面得益于技术手段，另一方面得益于经济和制度管理

---

[1] 参见曹书乐. 批判与重构：英国媒体与传播研究的马克思主义传统[M]. 北京：清华大学出版社. 2013：92—97.

第二章 法兰克福学派的批判研究和经验研究

的集中。文化工业自上而下有意识地整合它的消费者。……即高雅艺术与低俗艺术强行结合在一起，结果两者都深受其害。高雅艺术失去了严肃性；低俗艺术的抵抗性被驯服了。……大众不是最重要的，他们是对象，是机器的附属物。并非像文化工业试图使人们相信的那样，顾客是上帝，他们不是文化产品的主体，而是客体。"①

霍克海默和阿多诺认为，文化工业指的是电视、电影、收音机、书报杂志等大众媒介系统，"工业"是它的特征，而"'工业'不能从字面上理解。它是指事物自身的标准化，也是指传播技术的合理化，但不是严格地指向生产过程。以电影为例，生产过程就近似于技术操作方式。在那里，通过不断推进的劳动分工、机器使用，以及劳动者与生产资料的分离，个体的生产形式被保留下来了。每个文化工业产品都好像是有个性的，但个性本身却是为强化意识形态服务的"。②

上述有关"文化工业"定义的引文均出自阿多诺的《再论文化工业》(Culture Industry Reconsidered) 一文。诚如阿多诺所言，之所以用"文化工业"代替了"大众文化"，就是为了避免大众文化的倡导者所理解的，将两者混淆。霍克海默和阿多诺反对把大众文化归结为大众化、通俗化，也反对简单地把一时在群众中通行的工业产品，同从大众自身出发的文化相混淆的做法。在文化工业中，消费者看似有着充分的自由，但实际上却受到了全面而隐蔽的控制。虽然他们特意强调了文化工业不同于那些自发产生于大众的通俗文化，且为此着墨颇多，但是从后来批评者的评价来看，其用意并没有被很好地理解。大众文化的倡导者使用批判阿诺德等人的那套话语批评霍克

---

① Theodor Adorno. *Culture Industry Reconsidered*. in *The Culture Industry：Selected Essays on Mass Culture*. Routledge：1991：98—99.

② Theodor Adorno. *Culture Industry Reconsidered*. in *The Culture Industry：Selected Essays on Mass Culture*. Routledge：1991：100—101.

| 想象与错置：传播学史中的法兰克福学派 |

海默和阿多诺，认为他们忽视了普通大众的主观能动性。"不要指望观众能独立思考：产品规定了每一个反应，这个规定并不是通过自然结构，而是通过符号做出的，因为人们一旦进行了反思，这种结构就会瓦解掉。……即使有时候公众偶尔会反抗文化工业，这种反抗也是软弱无力的，因为文化工业早就算计好了。"① 他们不是否定公众的能动性，只是他们更多地认为在文化工业这样强大的系统面前，公众的反抗几乎产生不了任何作用。

若是再把霍克海默和阿多诺写作文化工业的时间考虑进去的话，或许会更好地理解他们对民众的看法。该书初稿完成于 1944 年，正式完稿于 1947 年。用霍克海默的话来说，这本书是在战争时期写成的。这个时间点，正好处于美国大众效果研究的强效果阶段。② 丹·席勒认为"大众文化具备威权潜能的原因，除了传媒强大有力之外，还得有两个条件的配合，一是群众必须顺服，二是人数愈来愈多且占据绝对优势的白领阶层在群众中起作用，致使群众既受恐怖手段惊吓，又因漂流而远离彼此。这个大众文化观的任何一种主要版本，无一不在明显传达这个二元走向。……虽然论者不免经常忽略，但两路人马既然都有这个关切，其实也就创造了双方共有的重要立足点；一方是法兰克福学派的文化工业批判，另一方则是 1948 年以前拉扎斯菲尔德的

---

① 马克斯·霍克海默，西奥多·阿道尔诺. 启蒙辩证法：哲学断片 [M]. 上海：上海人民出版社. 2006：123—124, 131.

② 《启蒙辩证法》一书思考成书都是在二战期间，此阶段正是欧美几个国家执迷于媒介效果研究之际，当时的媒介效果研究正是处于"魔弹论""子弹论"等强效果论阶段。对媒介效果的研究，都无法脱离社会时代背景而去简单地理解。拉扎斯菲尔德率领的社会应用研究局在 20 世纪 50 年代以有限效果论的媒介研究质疑了之前强效果的媒介研究，其中也包括他们自己先前的媒介研究。但是有限效果论是基于美国总统大选等日常生活行为的调查之上。而强效果的媒介研究主要是在二战期间针对战时宣传而展开的。而《启蒙辩证法》对民众的看法，也与当时国际社会背景有关。美国的社会科学尚不能跳出强效果论的思路，何况那些从法西斯纳粹主义控制之下逃亡出来的德国犹太知识分子呢？

第二章 法兰克福学派的批判研究和经验研究

'大众传播'研究的主流取向"。① "法兰克福学派对媒介效果的理解,几与'魔弹论'如出一辙。批判学派与行政学派就这样站在了一条线上,尽管看起来是各据一端而且似乎势不两立。"②

法兰克福学派对文化工业的研究中最常被质疑的出发点——对民众能动性的无视,却是符合当时美国社会科学研究的思路,甚至被认为跟哥伦比亚学派受众效果观是一致的。从这一点上可以看出,至少在20世纪40年代,也就是法兰克福学派和哥伦比亚学派合作最为密切的时期,被认为是对立的双方,是存在着一定的相同点。囿于美国应对二战的需要,几乎所有重要的社会科学研究资金都投入到效果研究项目中,"魔弹论""皮下注射论"正是当时的研究产物。亲历过法西斯主义的霍克海默和阿多诺非常清楚纳粹蛊惑人心的各类宣传手段。因此也就不难理解他们为何会有这样的出发点了。

其实,相比于阿诺德、利维斯,霍克海默和阿多诺反倒没有过多地否定自发形成于大众的文化,也没有比较高雅文化和低俗文化的高下。他们更是认为,高雅文化和低俗文化都是文化工业的受害者,前者失去了严肃性,后者则流失了它的抵抗性。在文化工业的整合下,无论哪种文化都失去了原有的个性,这才是霍克海默和阿多诺批判文化工业的核心。他们选择反对文化工业,不是因为它是民主的,而恰恰是因为它是不民主的。可见,那些大众文化的倡导者把霍克海默和阿多诺的文化工业等同于大众文化,从而忽视了他们俩真正批判的对象。霍克海默和阿多诺批判文化工业,是因为他们看到了文化工业背后的晚期资本主义工具理性所占据的统治地位。这种工具理性使技术成为一种霸权,它导致文化工业生产的产品具备标准化和伪个性化,从而消解各类文化的自由创造的本质和个性化特征。这是霍克海默和阿多诺

---

① 丹·席勒. 传播理论史:回归劳动 [M]. 北京:北京大学出版社. 2012:97.
② 黄旦,黄燕虹. 文化理论及其批判性思考 [J]. 新闻记者. 2004.5:26.

批判文化工业的用意所在。

作为文化工业产品的两个显著特征，标准化和伪个性化是阿多诺和霍克海默所批判的重点。他们认为在资本主义高度垄断之下，文化产品具有高度同一性：

  因为在今天，文化给一切事物都贴上了同样的标签。电影、广播和杂志制造了一个系统。不仅各个部门之间能够取得一致，各个部分在整体上也能够取得一致。甚至对那些政治上针锋相对的人来说，他们的审美活动也总是满怀热情，对钢铁机器的节奏韵律充满褒扬和赞颂。不管是在权威国家，还是在其他地方，装潢精美的工业管理建筑和展览中心到处都是一模一样。①

  不但颠来倒去的流行歌曲、电影明星和肥皂剧具有僵化不变的模式，而且娱乐本身的特定内容也是从这里产生出来的，它的变化也不过是表面上的变化。细节是可以变的。……在完成整个计划的过程中，这些细节能够完成的都不过是分配给它们的任务。②

文化工业之下的产品几乎是千篇一律的，缺乏个性，甚至人无法逃脱。"今天正因为每个人都可以代替其他人，所以他才具有人的特性：他是可以相互转变的，是一个复制品。作为一个人，他完全是无价值和无意义的，随着时间的流逝，当他丧失了相似性以后，才会发觉确实如此。"③

之所以文化产品和民众会变成这样，霍克海默和阿多诺认为这都是资本主义社会的科学技术和工具理性造成的。在垄断下，所有大众文化都是一致

---

① 马克斯·霍克海默，西奥多·阿道尔诺. 启蒙辩证法：哲学断片[M]. 上海：上海人民出版社. 2006：107.
② 马克斯·霍克海默，西奥多·阿道尔诺. 启蒙辩证法：哲学断片[M]. 上海：上海人民出版社. 2006：112.
③ 马克斯·霍克海默，西奥多·阿道尔诺. 启蒙辩证法：哲学断片[M]. 上海：上海人民出版社. 2006：131.

第二章　法兰克福学派的批判研究和经验研究

的。他们认为："随着科学技术突飞猛进的发展及工业化生产的不断推进，文化工业产品所呈现的标准化、程式化，又扼杀了文化艺术创造的个性及创造性，使文化的生产和消费呈现出虚假的个性，而真正的个性、风格则被扼杀了。艺术抛弃了自己的自主性，反而为自己变成消费品而感到无比自豪。"[①]文化工业把艺术变成商品。基于此，霍克海默和阿多诺认为文化工业的本质是反文化，它就跟其他生产领域一样，是以利润作为最终目的。文化工业会通过不同的手段，比如广告、电影等大众媒介的传播对民众进行控制，激发他们的消费欲望。在这些悄然无声的宣传和控制之下，民众有意无意地进入了文化工业所设定的轨道之中。

《文化工业》如此否定美国当前的社会制度，在同时期美国学者对大众文化的研究中，是罕见的。虽然当时拉扎斯菲尔德的大众传播效果研究对受众，持有跟霍克海默们相似的强效果论观点，但是他们的目的是为美国的社会制度提出改良的方案，而非像霍克海默们那样彻底地否定却没有任何的建议性意见。或许美国学者较难理解，霍克海默和阿多诺面对大众文化会持如此坚定的否定立场。他们的看法不同于美国学者和英国文化研究学者，是因为从法西斯主义的极权控制下逃脱出来的霍克海默和阿多诺更为警惕极权主义对民众的意识形态控制。他们认为，"法西斯主义者希望利用文化工业能够提供各种礼物的规驯手段，用强制的方式把他们组织起来"，"广播也就成了不冷不热、不偏不倚的权威的虚幻形式，这种形式是最适合法西斯主义的胃口的。广播变成了领袖的话筒；领袖的声音通过大街上的喇叭传播出来"，"'任何人都不能忍饥挨饿；谁要是这样做，就把他关进集中营。'这是希特勒时期的德国所开的玩笑，如今完全可以作为一句格言写在文化工业的大门

[①] 包桂芹. 霍克海默, 阿多诺《启蒙辩证法》研究 [D]. 吉林大学. 2008：144.

| 想象与错置：传播学史中的法兰克福学派 |

上","对同一个文化产品的机械重复，与宣传口号的机械重复是一模一样的。"① 这样把文化工业跟法西斯主义相比较的论述在文中随处可见，足见那段经历对他们的影响，这或许是未曾亲历过纳粹的美国学者难以理解的。

马丁·杰伊认为流亡美国时期的法兰克福学派影响力不大，却是其创造力最伟大的时期。"创造力的迸发，在一定程度上得益于他们的孤立状态。研究所本来差不多就是一个局外团体。到美国之后，不仅初衷不改，而且基本独立于美国学术主流之外，也切断了与美国思想传统的潜在联系。这种坚持不受外部干扰和压力情况，保证了批判理论家有充分的时间、精力和自由，以其相对冷静、客观的立场，按照自己的宗旨和兴趣进行研究和写作。但另一方面，与社会各方面的隔膜，无疑也使得他们对美国的情况缺少足够的了解，于是直接把德国当美国的情况也就在所难免。他们仅仅根据法西斯的潜能来判断美国社会，以至于无视使美国的发达资本主义和大众社会不同于他们在欧洲遭遇的独特历史因素。"② 流亡期间，他们坚持德语写作，使得他们更加流离于美国学术主流之外。阿多诺甚至把他重返德国的原因归结为语言问题，"回德国的决定不是出于简单的主观需要和思乡病，这些因素可以说是微不足道的。也有客观原因，这就是语言。不仅因为一个人不能像用他自己的语言那样，用一种新的语言准确地表达他的意思和其紧张思维中的韵律和节奏，而且德语对哲学、当然包括对理论的沉思有一种特别的亲和性。"③ 对德语的执迷，是众多德国人文知识分子的通病。他们认为："德语是世界上最古老的语言，德国人也因而是被上帝派来统治世界的民族。甚至认为在伊甸

---

① 马克斯·霍克海默，西奥多·阿道尔诺. 启蒙辩证法：哲学断片 [M]. 上海：上海人民出版社. 2006：146, 144, 135, 148.

② 参见马丁·杰伊. 法兰克福学派史：1923—1950 [M]. 广州：广东人民出版社. 1996：326—336.

③ 马丁·杰伊. 法兰克福学派史：1923—1950 [M]. 广州：广东人民出版社. 1996：328.

第二章　法兰克福学派的批判研究和经验研究

园中的亚当就是讲德语的。他们坚信,在语言大混乱之前离开巴比伦的雅佛,后来移居到德国去了。"[1]

霍克海默和阿多诺对母语德语的偏爱和坚持,刻意地保持和美国主流学术圈的距离,时刻保持对法西斯主义的警惕等行为,既让他们处于一种局外人的状态,迸发了学术的创造力,但也使得他们关于美国大众文化的观点被其他局内人认为是"自说自话""缺乏了解的想当然"。但凡有过类似经历的学者,对此都持有相似的看法。阿伦特在《极权主义的起源》结尾谈及由极权主义的统治所导致的内在的荒芜,极权主义的统治以"恐怖的铁幕"创造了荒凉的气氛,这种荒凉感包围着每个人。阿伦特认为:"好像发明了一种能使荒漠自行延展的途径,沙暴如脱缰的野马所向披靡,在有人栖居的地球的任何地方概莫能外。"[2]

试想下,同属欧洲的英国文化研究学者都对霍克海默和阿多诺的文化工业理论持有更多的否定态度,他们更加关注大众文化生产所隐含的能动性,认为法兰克福学派过分强调民众的受控性,而忽视了民众所具备的抵抗性及主体能动性。那作为文化工业所批判的直接对象——美国资本主义制度下的学者就更难以接受霍克海默和阿多诺的批判了。

---

[1] 艾米尔·路德维希：德国人：一个具有双重历史的国家［M］. 北京：生活·读书·新知三联书店. 1991：71—73.

[2] 安东尼亚·格鲁嫩贝格. 阿伦特与海德格尔：爱和思的故事［M］. 北京：商务印书馆. 2010：7.

第三节 法兰克福学派的经验研究

阿多诺和拉扎斯菲尔德在广播音乐项目的合作失败被多数后来者解读为是双方在方法论层面的论争，笔者也将在下一章对此次合作做较为详细的解读，探析导致双方合作失败的真正原因。本节所论述的对象则是法兰克福学派所展开的各类经验研究，这也是对那些宣称法兰克福学派反对经验研究的反驳。其实在霍克海默等赴美之前，法兰克福社会研究所业已展开过各种经验研究。这些似乎再次表明，作为欧洲的传统理论家们——法兰克福学派的成员，尤其是霍克海默，绝非对任何经验研究都是抱有否定的态度，也并非因为不了解经验研究的操作而有所抵触。他们对经验研究的态度在于为何要使用经验研究，数据是否有效、如何服务于主题。当然，也不能因为法兰克福学派的这些经验研究，就认为他们和美国的传播研究是殊途同归。之所以笔者把该部分单立为一章节，而没有放在阿多诺和拉扎斯菲尔德合作的部分，主要原因是因为这部分的经验研究不仅限于阿多诺一个人，而是整个法兰克福社会研究所的研究。即便是阿多诺的权威主义人格研究，使拉扎斯菲尔德好生羡慕，对美国当时刚刚新兴发展的社会心理学产生了较大的影响，但是这项研究也只是由阿多诺主要负责，社会研究所其他成员协助共同完成的。因此，笔者倾向把此部分作为法兰克福学派整体研究来论述。

对法兰克福学派的研究，多数人会停留在他们那些思辨性的理论作品之上，因此也造成了社会研究所只会理论研究的错觉。实际上，在霍克海默出任研究所所长，制定研究所发展方向后，他在注重社会理论研究的同时，也一直在展开相关经验研究。在他把研究所迁至纽约之前，研究所已成功地在

| 第二章　法兰克福学派的批判研究和经验研究 |

欧洲几个国家展开过多次大型经验研究。尚身处奥地利的拉扎斯菲尔德在那时就加入了霍克海默的项目，负责项目数据处理部分。

为寻找社会研究所的新址，霍克海默曾在法国巴黎、瑞士日内瓦等多地进行考察尝试，但这些城市都无法符合霍克海默的要求。而霍克海默最终选址纽约，落户哥伦比亚大学有一个重要的原因，就是当时哥伦比亚大学社会学系林德对他的社会研究所学术研究的认可，甚至认为他们的到来将会强化他支持的社会学研究，并且林德为法兰克福社会研究所的迁址做出了各种努力。而打动林德的正是法兰克福学派之前在欧洲所展开的一系列经验研究，主要是《权威与家庭研究》等。霍克海默也承认《权威与家庭研究》受到林德《中镇》的影响。双方的互通性从一开始就存在，也一直影响着对方。

霍克海默在1937年初研究所为哥伦比亚大学社会学举行的午餐会上提交过一份报告，报告显示："我在研究所工作的最初两年全部用于此类合作（在不同科学分支之间、理论科学与经验科学之间的合作）的实验研究。我们最终为这类共同研究选取的最富有成果的论题就是探讨权威这一文化现象与经济生活从常态到大萧条转变之间的关系。"[①] 霍克海默这里指的研究正是《权威与家庭研究》项目。

虽然霍克海默的就职演讲明确指出了社会研究所的发展方向，权威和家庭问题看起来并非社会理论的核心。但是研究所的成员们认为家庭在调节物质基础和意识形态的上层建筑之间起着至关重要的作用，就如黑格尔认为家庭是社会伦理制度的中心。在《权威与家庭研究》中，霍克海默编辑了理论部分，弗洛姆则负责经验部分，第三部分则是由洛文塔尔负责。

即便被迫离开德国，研究所在欧洲瑞士、奥地利、法国、比利时、英国

---

① 罗尔夫·魏格豪斯. 法兰克福学派：历史、理论及政治影响 [M]. 上海：上海人民出版社. 2010：192—193.

| 想象与错置：传播学史中的法兰克福学派 |

和荷兰等国家滞留时期，仍展开三项独立的问卷调查。研究报告在他们抵达美国后一年发布，即《权威与家庭研究》。"除了连续发行的学刊之外，研究所在以后的20年里还不断地发表这样的研究报告。霍克海默一再强调的'多学科之间的合作，以及理论建构与经验方法之间的融合贯通'，都很好地体现在《权威与家庭研究》一书中。"这份历时五年多，集合了研究所多数成员劳动，而且长达1000多页的报告却没有引起太多的关注。① 霍克海默认为是由于"权威问题领域太过宽泛，以至于研究无法穷尽式地研究"。虽然此次研究，并没有完全达到霍克海默他们预先设想的效果，但是研究所对权威问题的关注和兴趣并未因此而有所减弱。反倒随着纳粹主义的扩张，研究所对它的关注度不减反增，而且越来越多的现实环境也为他们提供了充足的研究材料。正是在这样的研究基础和现实条件下，才有了日后阿多诺等人在西海岸所展开的权威主义人格的研究。

除此之外，《权威与家庭研究》有一个结论值得留意，即在经过大量调查访问后，研究所成员发现：事实上，德国工人阶级在接受纳粹时没有任何真正的抵抗。有关这一研究，后来专门以《魏玛共和国的德国工人》（*The German Workers under the Weimar Republic*）之名成书出版。这个结论影响着霍克海默等人，当他们把文化工业视为类似于法西斯主义式的极权控制时，联想到当时德国工人阶级面对纳粹主义时，没有也无法抵抗的情景，所以在他们看来，文化工业控制下的大众其实就是当时面对纳粹的德国民众，民众的主动能动性几乎产生不了什么作用。马丁·杰伊认为即便在美国多年，研究

---

① 法兰克福社会研究所的成员几乎都参与进了这个历时五年多，调研范围涉及欧洲多个国家的权威与家庭的项目之中。阿多诺并不在其中，他是在此计划完成后才进入研究所的。但是阿多诺亦是该项研究项目的受益者，他在美国西海岸所展开的权威主义人格研究，正是此项目的一个延续，并且在经历了权威与家庭的研究后，成员们对于权威主义人格的研究展开就更为得心应手。之所以在当时《权威与家庭研究》对外的影响甚微，与它是用德语来发表有着关联。

第二章　法兰克福学派的批判研究和经验研究

所仍旧警惕着纳粹主义，对权威主义也保持高度警惕，源自他们认为它并非是孤立的现象。[1]

虽然法兰克福学派的《权威与家庭研究》在当时并未引起太大的反响，但是在1950年，学派的另一项有关权威与偏见的研究受到了广泛的好评，这就是阿多诺及同事完成的《权威主义人格》。这项研究被认为是社会心理研究的一个重要贡献，是权威主义人格研究传统的开端。

刚经历在纽约与拉扎斯菲尔德广播研究项目合作失败的阿多诺，一到西海岸便展开了研究程序更为复杂的经验研究，并大获成功。对此，马丁·杰伊打趣道："或许在阿多诺眼中，文化也许不能被测量，但是偏见却更容易'被测量'。"[2] 拉扎斯菲尔德为此耿耿于怀，他认为正是"由于我在普林斯顿项目的不同部门承担任务，以至于我没能为跟阿多诺的交流投入必要的时间和精力"，才导致他们俩合作的失败。"他也一直不明白为什么在伯克利，阿多诺能够与心理学家们成功地进行合作并写作了《权威主义人格》这样的定量研究巨著。"[3]《权威主义人格》甚至被认为在社会心理学科发展历程中具有里程碑的意义，犹如拉扎斯菲尔德"意见领袖""个人影响"等研究在传播研究的地位。

《权威主义人格》是在霍克海默和弗劳尔曼的支持下，与加州伯克利分校的心理学教授桑福德及莱文森博士，一同对美国的"潜在法西斯主义者"进行了研究。阿多诺等认为，如果对犹太或其他少数族裔抱有偏见的人为数不多的话，是可以忽略的。但是在面对纳粹时期，大量民众身上表现出非理

---

[1] Martin Jay. *The Dialectical Imagination: A History of the Frankfurt School and the Institute of Social Research*: 1923—1950. Heinemann Educational Books Ltd. 1974: 134.

[2] 马丁·杰伊. 法兰克福学派史：1923—1950 [M]. 广州：广东人民出版社，1996: 116.

[3] 胡翼青. 传播学科的奠定：1922—1949 [M]. 北京：中国大百科全书出版社，2012: 106.

| 想象与错置：传播学史中的法兰克福学派 |

性情绪和行为时，就不得不去正视这种现象了。他们认为在极端的反犹主义、种族中心主义的表现形式背后，存在着深层次的、非理性的、被压抑的人格力量。为此，他们试图通过对意见、态度和价值观进行测量，以期观察那些被压抑着的的思想倾向，并使这些人格显现。希特勒权力的扩张，迫使法兰克福学派的研究者们纷纷逃往国外。他们对于个人和国家的前景充满了悲观情绪，怀疑极权主义将会控制世界。现实经历促使他们希望找到方法来测量美国社会中法西斯主义出现的可能，预先找到"潜在的法西斯主义者"以便通过心理治疗等手段进行教育与纠正。

阿多诺团队设计了四种测量权威主义人格及其态度的量表，即反犹太主义量表、种族中心主义量表、保守主义量表和法西斯主义量表。社会研究所的成员先对反犹主义量表（AS 量表）和民族中心主义量表（E 量表）得出可能的核心人格倾向，基于此两量表之上，形成法西斯主义量表。法西斯主义量表最为重要，也被称为"F 量表"（Fascist Scale）。阿多诺曾向霍克海默表达过，F 量表在美国人眼中是最有效的工具。基于此，阿多诺等在洛杉矶对 2000 名研究对象开展了态度和人格两层面的调查。他们认为，一旦法西斯主义成为强大的社会势力或具有"正面"形象时，具有"权威主义人格"的人就会乐于接受这种意识形态。研究结果也显示，在反犹太主义量表、种族中心主义量表和保守主义量表中得分高的人往往也会在法西斯主义量表中得分高。也就是说，这些人更有可能对犹太人产生偏见，抱有极端爱国主义态度，因而对外来群体和少数族群带有敌意。同时，在特定社会经济条件下，这些人更有可能会蜕变成为法西斯分子，而这些客观条件已经在当时美国出

第二章 法兰克福学派的批判研究和经验研究

现了。[①]

在阿多诺等人的 F 量表发表后，权威主义人格的研究进入了一个新阶段，社会心理学领域众多学者展开了类似的研究。随着研究的深入，其他学者也发现阿多诺对概念的设定未必贴切，尤其是冷战时期，权威主义人格研究曾遭受了前所未有的冷遇，批判纷至沓来，尤其是方法论。如认为法西斯主义量表违背了问卷的措辞原则，使用消极词句造成权威主义人格的得分被人为地过度拔高等。在社会科研领域，经验研究常会遇到争论和质疑，但是被质疑对象是法兰克福学派，实为罕见。

《权威主义人格》研究只是霍克海默和阿多诺规划的整体研究的一部分。1945 年春，当研究所决定为反犹主义研究再制定最后一组研究项目，包括阿多诺、拉扎斯菲尔德、玛格丽特·米德、罗伯特·默顿等都提供了建议。这

[①] 此部分有关《权威主义人格》研究的内容引自罗尔夫·魏格豪斯. 法兰克福学派：历史、理论及政治影响 [M]. 上海：上海人民出版社. 2010：544—567，李琼，郭永玉. 作为偏见影响因素的权威主义人格 [J]. 心理科学进展. 2007. 15（6）：981，邓善凤. 权威主义人格研究的流觞 [J]. 山西高等学校社会科学学报. 2013.4：83—84.《权威主义人格》是霍克海默在迁至西海岸后所实施的伯克利研究计划的一部分。伯克利研究计划是他对极权主义、反犹主义的一次全面思考。而在霍克海默眼中，桑福德博士就是东海岸的拉扎斯菲尔德，可以帮助他们进行数据层面的分析和处理。而《权威主义人格》的写作开始于美国向法西斯主义开战并与苏联结成同盟的那段时期。而就在写作接近尾声要结束之际，法西斯主义已经被击溃了，那时美国战后的主要考虑是结束世界范围内的新政，美国具有民主的使命感得到了加强，变成了一个专横的世界强国的反共产主义的使命感。所有这一切尽管没有在书中得到表现，但是却反映在它的书名上。最初的书名是《法西斯主义性格》。1947 年阿多诺告诉霍克海默说，伯克利计划中的研究成员竭力建议将书名换成一个看起来更为温和的词，比如《性格和偏见》。翌年，书名又草拟为《潜在的法西斯主义》。1950 年 1 月正式出版时，则使用了《权威主义人格》这一名字。但是这个书名仍被认为是一种妥协的产物。这与社会研究所早期的集体研究成果《权威与家庭研究》中所使用的术语较为相似，但是两者的研究内容却截然不同。《权威主义人格》讨论了法西斯主义者、潜在的法西斯主义者、充满偏见的人格以及法西斯主义量表。而《权威与家庭研究》当时的研究并未把法西斯主义和反犹主义纳入计划之内。

| 想象与错置：传播学史中的法兰克福学派 |

项研究除了问卷和心理测试外，还包括几项子项目①：

（1）关于反犹主义的本质和范围的伯克利研究计划（发现易受反犹主义影响的性格结构和形成测试易受反犹主义影响的手段）；

（2）对儿童进行反犹主义研究（发现形成反犹主义决定性影响的特殊童年经验和年龄段）；

（3）对与种族仇恨相关的精神病的临床考察（发现反犹主义在犹太人和非犹太人中的心理动力机制）；

（4）对退役军人的焦虑和社会攻击性研究（发现退役军人群体中存在的焦虑和社会攻击性，以及美国犹太人委员会的教育材料对退役军人的影响）；

（5）反犹主义漫画分析（发现反犹主义漫画的动机和感情）；

（6）创造法西斯主义鼓吹者的艺术方案（创造法西斯主义鼓吹者的艺术形象）；

（7）出版反犹主义宣传的手册（编写戳穿反犹主义宣传的手册）；

（8）出版反犹主义的权威性研究（出版一部科学、权威的反犹主义的著作）；

（9）测定种族偏见的实验性纪录片（研究测定种族宣传的易感性，测偏见及对心理投射机制的洞见）；

（10）犹太人调查和测试实验（对美国犹太人委员会印制的教育材料的态度，以对犹太人的态度）。

上述研究项目中对军人的态度研究、偏见测量以及一系列临床测试等研究项目，与美国战争情报办公室（the Office of War Information）等战时部门的研究项目极为相似，例如利用电影实验测量士兵观影前后的态度变化，以

---

① 参见尔夫·魏格豪斯. 法兰克福学派：历史、理论及政治影响 [M]. 上海：上海人民出版社. 2010：494—495.

第二章 法兰克福学派的批判研究和经验研究

及 1946 年到 1961 年间哥伦比亚社会应用研究局、耶鲁大学所展开的一系列有关大众传播效果研究。法兰克福学派跟这些美国社会科学的学者们所展开的研究项目大同小异,部分研究项目甚至几乎相同。

阿多诺在《权威主义人格》最后一章中说道:"在我们称之为权威主义人格和让-保罗·萨特所说的'反犹主义描述'特征之间,存在着显著的相关性。当我们将所有的研究数据汇总起来,并予以分析以后,萨特关于反犹主义描述的了不起的论文就可供我们引用了。他的现象学描述与我们定量分析所揭示的一组特征如此相似,以致我们不得不对他抱以敬佩之情。"[1] 1947 年 7 月,拉扎斯菲尔德读到反犹主义量表和法西斯主义量表后,极为称赞他们这次研究,"我想,这次研究是第一次成功地将你们的理论研究和经验研究结合起来……那些概念得到了极为清晰的表述,在文本中清楚地证明了你们的假设是对的。所以你这次是一举两得:研究得出了真实有效的结果,同时也表明理论研究对经验研究的确是具有价值的。"[2]

权威主义人格研究具着深厚的欧洲根基以及充分的前期研究工作,法兰克福社会研究所在霍克海默上任之后,便着手对魏玛共和国工人阶级的生活、文化以及社会态度开展研究,试图分析权威主义、偏见等态度在他们中的影响。权威与家庭研究,得到权威主义人格并不是仅限于德国的独特现象,而是在欧洲其他国家甚至美国等发达工业社会较为普遍的特征。

马丁·杰伊认为阿多诺的权威主义研究成功,跟之前阿多诺和拉扎斯菲尔的广播研究项目的经历是分不开的。虽然阿多诺跟拉扎斯菲尔德那次合作,使他获得了"有价值的方法上的经验,从而修正了他对美国技术的最初敌意,

---

[1] 罗尔夫·魏格豪斯. 法兰克福学派:历史、理论及政治影响[M]. 上海:上海人民出版社. 2010:544.

[2] 罗尔夫·魏格豪斯. 法兰克福学派:历史、理论及政治影响[M]. 上海:上海人民出版社. 2010:410.

比如他强调掌握'客观精神'而不是测量主体对它的反应的观点就在40年代末期减少了。……文化不能被测量，但偏见看起来似乎较易测量。当然，并非只有阿多诺一人在40年代就获得方法上的经验。研究所的纽约办事处虽然在战时减少了活动，但并未停止其作用，《哲学与社会科学研究》停刊后，它的几个成员花了更多时间用于经验工作"。①

在20世纪50年代初，霍克海默和阿多诺重返法兰克福重建社会研究所后，他们不仅没有舍弃经验研究，反而展开了更多的经验研究。经验研究的增多，一方面与财政上不再独立有关。当研究所失去之前的韦尔家族资金支持后，霍克海默不得不开始像拉扎斯菲尔德那样，利用商业研究合同，来为研究所的重建提供资金。另一方面，霍克海默试图完成他在1931年就职演讲中所说的，即用跨学科的方式将哲学和其他学科结合起来，以及把研究所作为连接美国和德国的桥梁。自从权威主义研究成功之后，阿多诺对经验研究的推广更为热情。他指出："德国人文主义社会学迫切需要用经验方法作为矫正措施。而经验方法的真正重要性则在于它们所包含的批评动机。经验的社会研究一定不能让这种动机枯萎，也不能在考察社会关系中欺骗自身。科学不能通过借助于某些意识形态为自己粉饰出一种调和的社会现实图景，然后心满意足地接受现存的社会状况来作为自己的立足点，它必须提出对于现存事物之严酷性的意识。……德国的经验研究必须以严谨的、毫不做作的态度去揭示社会事实的客观性，远远超越于对个体意识甚至集体意识的揭示。"②

那些认为法兰克福学派只会思辨批判或理论研究的学者，面对法兰克福学派的这些经验研究项目，不知作何解释。当时法兰克福学派所规划设计的

---

① 马丁·杰伊. 法兰克福学派史：1923—1950 [M]. 广州：广东人民出版社. 1996：256—257.

② 参见罗尔夫·魏格豪斯. 法兰克福学派：历史、理论及政治影响 [M]. 上海：上海人民出版社. 2010：597—598.

第二章 法兰克福学派的批判研究和经验研究

研究项目，跟美国社会科研所设置的研究项目大致相似。无论是出身批判理论背景的欧洲学者，还是自诩实用主义标准的美国学者，在一个大的时代背景之下所聚焦的问题都是较为相似的。

拉扎斯菲尔德在音乐广播研究项目失败后，多次表示自己应该更耐心，或许这样，阿多诺也能取得在权威主义人格项目中的研究成果。当然，他们的学术合作交流并没有因此而中断，拉扎斯菲尔德团队也多次为权威主义研究项目出谋划策。如果要说，阿多诺与拉扎斯菲尔德两人在学术上最大的不同，就是前者认为美国社会的制度存在问题，改良并不是学者的工作。而后者的观点是即便制度存在问题，但是改良却是一剂良药。观念以及出发点的差异，才是最本质的区别。而在研究方法层面的操作，没直接的冲突和矛盾，反倒是美国社会学领域在方法论上充斥着明争暗斗的博弈，而拉扎斯菲尔德所在的哥伦比亚大学社会学就是一个例子。而这些真正意义上的研究方法之争，却一次次被掌握着学术话语权的学者们所忽略。

拉扎斯菲尔德和默顿于1941年同时来到哥伦比亚大学社会学系，在此后30年中，成为"双子星"，甚至整个社会学系都围绕着他们俩转。后来，他们俩顺利在哥伦比亚大学拿到了终身教职。两人联合受聘的故事如今已是学术史上一个小小的传奇故事，他们的合作被看作是一个意外。"与芝加哥大学的'定量党'与'定性党'一样，哥伦比亚大学社会学系也有理论战线与经验战线两股二元对立的学术势力，前者以罗伯特·麦基弗为代表，后者以罗伯特·林德为代表。这两股势力的斗争甚至一度也曾白热化。之所以同时引进拉扎斯菲尔德和默顿，这本身也是两股势力平衡的产物。麦基弗力挺默顿，而林德则力挺拉扎斯菲尔德：'社会学系内部矛盾频仍，大家无法达成共识聘请一位高级人才，最后干脆请来两个年轻人，那就是理论家默顿与方法学家拉扎斯菲尔德'，'哥伦比亚大学社会学系的每一个人都希望拉扎斯菲尔德和默顿继续开展理论对方法论的争论'，在来哥伦比亚大学之前，默顿和当时另

| 想象与错置：传播学史中的法兰克福学派 |

一个重要的定量研究者——哈佛大学的斯托弗关系交恶，而拉扎斯菲尔德与斯托弗之间的关系则相当密切，拉扎斯菲尔德曾经宣称斯托弗是他在美国最重要的关系。一切迹象都表明，拉扎斯菲尔德和默顿一定会二元对立。观察家曾经认为，他们'命中注定是对头'，甚至默顿自己也认为他们两人其实并不适合共事，两人就好像是'社会科学领域内一对从一开始便同床异梦的夫妻'。"①

现实却相反，拉扎斯菲尔德和默顿不但没有交恶，反而一见如故，各取所需，愉快地展开了合作研究。两人的合作甚至延续了几十年。多年来，他们合作五篇文章并共同撰写了一部著作，但这也只是二人交情的冰山一角罢了。据默顿估计，在1942年至1965年之间，他与拉扎斯菲尔德每周平均交谈时间达10—15小时。默顿甚至在代表作《社会理论与社会结构》一书前言中，致谢拉扎斯菲尔德，坦言在与拉扎斯菲尔德无数次交谈中，受惠很多。也正是他一直以来对于功能分析的怀疑与好奇，促使默顿更为详尽地阐释他的研究。② 虽然社会学系的不同研究方法间的战争没有爆发，但是可以看到：相比外来的欧洲流亡学者，美国社会科学研究方法的争论程度远胜于前者。两个阵营的学者似乎都很难认同对方，这点在哥伦比亚大学社会学系聘请人员的分歧，以及默顿与斯托弗之间的交恶等事件中凸显得淋漓尽致。被认为与斯托弗志同道合的拉扎斯菲尔德势必会像斯托弗那样，会因研究方法的差异而与默顿产生隔阂。现实却是拉扎斯菲尔德和默顿形成了互补的学术伙伴关系。当然，这种良好的合作关系全都归功于拉扎斯菲尔德一人似乎有失偏

---

① 胡翼青在《传播学科的奠定：1922—1949》中论述1941年默顿与拉扎斯菲尔德首次展开合作的部分中，也提及了他们被哥伦比亚大学社会学聘任的故事，因此笔者在此直接引用了相关译文。卡茨、罗杰斯等人多次在各自相关论著中提及此事，其出处都是20世纪40年代起，《纽约客》（New Yorker）的多篇有关拉扎斯菲尔德、默顿以及广播研究项目的特别报道，尤其是Robert M. Hunt1961年有关默顿的那篇特别报道。

② 默顿. 社会理论与社会结构 [M]. 南京：江苏人民出版社. 2009：8.

| 第二章 法兰克福学派的批判研究和经验研究 |

颇。但是纵观拉扎斯菲尔德的合作研究过程，他和众多不同风格、性格差异较大的学者、职员甚至是商人们，都能和平相处①，拉扎斯菲尔德温柔、包容的性格也是不能被忽略的。

综上所述，自20世纪30年代伊始，法兰克福社会研究所就开展大量的经验研究，多数研究围绕着权威主义、偏见等议题展开，尤其是20世纪40年代的一系列研究系列，如《权威主义人格》《权威与家庭研究》等吸引了学界较多关注。阿多诺团队的《权威主义人格》更是被认为是社会心理学发展历程的一个里程碑。当然，相比研究所早期的经验研究，研究所在美国流亡期间经历了多次经验研究项目合作之后，成员对经验研究的操作更为得心应手。在法兰克福社会研究所二十几年来的经验研究项目中，拉扎斯菲尔德是除了研究所的成员外，唯一参与了研究所全部大型研究项目。

而法兰克福学派的经验研究，尤其是20世纪40年代的研究，也都是围绕着受众展开。而这反驳了一直被其他学者所诟病的学派研究无视受众存在。或许从《文化工业》文本，可认为霍克海默和阿多诺并不接受受众的能动性。但是，这些学者却忘记了霍克海默和阿多诺的前提，即在法西斯主义式的文化工业面前，民众是毫无还手之力的。美国学者未必会理解他们，这跟双方各自的经历、生存环境有着紧密关系。他们有关权威主义的研究报告清

---

① 怀特·米尔斯是一个例外。有人认为，拉扎斯菲尔德对米尔斯的严厉批判令人惊讶，也不符合他一贯的为人处事风格，于是把它归结于是出于米尔斯那本《社会学的想象力》对拉扎斯菲尔德批评的抨击。但是，出版于1951年的《社会学的想象力》远远晚于两者间的此次矛盾。甚至可以说，《社会学的想象力》是米尔斯对拉扎斯菲尔德的一次反击。本章会涉及米尔斯与拉扎斯菲尔德在研究项目中，因为在研究方法等层面的不合。为此，拉扎斯菲尔德也做出了异于寻常的激烈反应，这种反应是在拉扎斯菲尔德以往的合作研究中极为少见，或可以说从未有过的。笔者对于此过程的论述主要集中在他们俩在研究方法层面的意见不同，之后拉扎斯菲尔德的发怒缘由，暂且不是本文的核心，又无法考证，故本文也不会展开论述。但是拉扎斯菲尔德较为温和、谦逊的性格，倒是常被周边同事提及。笔者认为，这种性格除了本身具有之外，还与他欧洲外来者的身份有关，以及他为此处处小心行事有关。

晰地表明当时德国工人阶级在面对纳粹主义时，无力进行任何抵抗，因此当霍克海默和阿多诺把文化工业视为法西斯主义式的极权控制之时，就已意味着他们对民众的看法已确定。但就此认为他们是过于以精英主义立场无视大众文化的能动性的话，马丁·杰伊的评价或许更加中肯："阿多诺针对大众文化的这种类似的批评，实际上经常也用于对精英文化的批判，他决不崇拜这种精英文化，把它看成是生来就高人一等的东西。"① 其实，法兰克福学派跟美国主流传播范式在研究方法上不仅没有本质性的冲突，反而相互启发，彼此促进，互通性大于异质性。阿多诺对经验研究的强调，即"科学不能通过借助于某些意识形态为自己粉饰出一种调和的社会现实图景，然后心满意足地接受现存的社会状况来作为自己的立足点，它必须提出对于现存事物之严酷性的意识"②，或许正是双方在经验研究上的差别。法兰克福学派正如阿多诺所言，他们不能以接受现存的社会状况来作为研究的立足点，因此他们要进行否定式的批判。而哥伦比亚学派的研究也进行一定的批判，但是他们的立足点是肯定当前的社会状况，所以后者的研究几乎是以改良作为目的。但是，这一点差异也不足以构成双方的二元对立。

---

① 马丁·杰伊.阿多诺［M］.北京：中国社会科学出版社.1992：187.
② 罗尔夫·魏格豪斯.法兰克福学派：历史、理论及政治影响［M］.上海：上海人民出版社.2010：597.

第三章　普林斯顿广播研究项目：
"二元对立"的发轫之地

"阿多诺的美国之行，在传播学史上的意义完全可以与1935年的社会学政变、1941年的哥伦比亚双星会聚以及战争局的成立相媲美。因此这次美国之行，几乎重写了传播学的版图。后来，法兰克福学派被看作是批判学派的开端而成为美国传播学主流范式的对立面。这种二元对立的说法一直被认为始于哥伦比亚学派与法兰克福学派的对立。而落实到个人，则是阿多诺和拉扎斯菲尔德在广播研究项目上合作的失败。"[①]

正如上文所述，阿多诺的美国之行，对传播研究的发展产生了极其重要的影响。在某种程度上，甚至不亚于在二战之前芝加哥学派对传播研究发展的贡献。而作为法兰克福社会研究所最后一个逃亡至美国的成员，阿多诺的到来的确达到了霍克海默先前对他的期望，而且对当时身处美国的法兰克

---

①　胡翼青. 传播学科的奠定.1922—1949［M］. 北京：中国大百科全书出版社.2012：103. 笔者在此部分未使用一贯认为的"哥伦比亚学派"一词，是出自此部分主要是有关阿多诺与拉扎斯菲尔德之间的合作经历，而此时后者尚未进入哥伦比亚大学社会学。传播研究史上，哥伦比亚学派所指代的往往是1941年后，拉扎斯菲尔德被评聘为哥伦比亚大学社会学教师，与默顿所一起开创的研究团体，包括随后的怀特·米尔斯（Wright Mills）、伊莱休·卡茨（Elihu Katz）等人。虽然有一部分人既是社会学系的教师，又是研究局的成员。但是在本章所要论述的内容中，哥伦比亚大学社会学系的核心成员是罗伯特·林德、罗伯特·麦吉弗等人。他们的研究内容就是传统的社会学研究，几乎很少与传播研究扯上关系。为了表述得更加严谨，结合当时的现实情况，笔者使用哥伦比亚应用社会研究局代替一贯的哥伦比亚学派。

学派而言，也绝对是一剂重要的强心剂。至于阿多诺和拉扎斯菲尔德在广播研究项目的合作，被后来者书写成传播研究范式的二元对立，或欧洲学派跟美国学派在方法论上的相互"攻讦"。在这段历史已有的描述中，似乎随处可见双方对彼此研究方法的不信任以及不屑、孤傲的态度等情节，由此可以浮想出一幅双方当事人势不两立的画面。然而阿多诺和拉扎斯菲尔德的合作，正是历史情节被想象、被夸大和扭曲的典型例子。如此书写的目的，部分是出于满足传播学科发展的需要。这样的出发点可以理解。但是不能停留在此，而似乎应该重新出发，从较之以往有更多细节的维度去重审这次合作。当然，笔者质疑的并非是针对已有论述的合理性，想表达的无非是：部分已有的论述把事件的偶然性夸大成了全部，想象成了一种必然性，那就显得有失公允了。阿多诺与拉扎斯菲尔德的合作充满了偶然性，也正是这样的一个个偶然性，才造成了这次不成功的合作。

第一节 奔赴美利坚之前的西奥多·魏森格隆德

西奥多·魏森格隆德1903年出生于美茵河畔法兰克福的犹太富商家庭。而魏森格隆德·阿多诺是在其出生时登记的名字。而西奥多·W·阿多诺（Theodor W. Adorno）这个更广为人知的名字，则是他抵达美国后方才使用的。阿多诺的父亲奥斯卡·魏森格隆德是当地一家大型葡萄酒企业的拥有者，身为犹太人的他，后来改宗新教，也直接决定了阿多诺的宗教信仰。阿多诺的母亲玛利亚出身于法国贵族家庭，是一位成功的歌唱家。她妹妹是一名知名的钢琴家，与阿多诺一家居住在一起。阿多诺童年、少年的教育正是由这两位精通古典音乐的女性全权负责。"他是在一个充满着极高审美氛围与旨趣

第三章　普林斯顿广播研究项目："二元对立"的发轫之地

环境中成长。……而作为一个年轻人，当时法兰克福自由主义的氛围对其内在精神的成长也产生了重要影响。如果要说，幸福童年时代对他有不好影响的话，那就只能是极具天赋与才华，家境优越的阿多诺早早地受到了天资一般的同学的排挤与嫉妒。在《最低限度的道德》（Minima Moralia）中，阿多诺将这些同学视为'法西斯主义'的'信使'。这样的经历成为他日后厌恶'同一性'的基础。"① 在少年时期，阿多诺常常跟随着《法兰克福报》记者的齐格弗里德·克拉考尔②接受哲学方面的训练。更年长的克拉考尔与阿多诺的关系亦师亦友，阿多诺对这段经历的印象是"他与我常在星期六的下午一起阅读《纯粹理性批判》。可以说，我从这本书里学到的东西多于从学校老师那学到的"。而克拉考尔对17岁时的阿多诺的好印象，从他1921年写给洛文塔尔的信中可见端倪，"他也许没有你对哲学的那种热爱。但他却拥有了

---

① 此部分有关阿多诺的第三人称论述均来自 Thomas Mann 著作 Doktor Faustus 中对阿多诺的采访。转引自 Gerhard Schweppenhauser. Theodor W. Adorno: An Introduction. Translated by James Rolleston. Duke University Press. 2009：1—3.

② 齐格弗里德·克拉考尔（Siegfried Kracauer, 1889—1966）：社会学家和电影理论家。生于德国，早年为《法兰克福报》的记者、时事评论员，后因撰文对纳粹进行批评，1933年被迫流亡至巴黎，后又于1941年辗转至纽约，开始从事社会学，研究范围涉及小说、社会调查、电影理论和哲学研究等领域。代表作有《大众装饰》《宣传和纳粹战争片》《从卡里加利到希特勒》和《电影的本性》等。阿多诺也正是通过克拉考尔认识了沃尔特·本雅明。阿多诺看来，本雅明是他一生中难得志同道合的好友，而且本雅明的一些学术见解与理论想法，给予了他很多启发。他回忆与本雅明的日子，"本雅明在法国生活的那段日子里，我经常见到他，我想说，每周至少一次，甚至更为频繁。……他比我年长11岁，我更像是一个倾听者。我知道，我非常信任喜欢他所说的那些，有时候我也会向他提一些问题。而他更是在一些作品发表之前，就给我先看了。"约翰·彼得斯认为，阿多诺终其一生深受本雅明影响，其最后一部著作《美学理论》（Aesthetic Theory）无论在主体、文风还是方法上都延续着本雅明的风格。安德鲁·阿拉托更为直接，指出霍克海默和阿多诺既是卢卡奇的信徒，又是本雅明的拥趸。

| 想象与错置：传播学史中的法兰克福学派 |

我们都无法比拟的优势：优越的物质生活和自信。"①

1921 年，阿多诺在法兰克福开始了哲学、社会学、心理学和音乐理论的专业学习。1924 年，年仅 21 岁的阿多诺以《胡塞尔现象学中的事物与意向之先验性》的现象学论文，在哲学家汉斯·科奈留斯那获得了哲学博士学位。科奈留斯是霍克海默的学术启蒙者与指导者，霍克海默又曾做过其学术助手。通过这层关系，阿多诺与霍克海默相互结识。阿多诺学术研究的起步阶段，音乐批评与音乐美学是他的领域，可以说，在阿多诺眼中，音乐跟哲学同样重要。"他无法在哲学和音乐之间取舍。阿多诺认为可以在这两个不同的领域找到相似的东西。他的思辨和爱好，交织在一起。"②

阿多诺年仅 18 岁，便作曲了弦乐四重奏，致敬音乐启蒙老师。同年，他在法兰克福《艺术与文学新杂志》上撰文讨论音乐老师的一部歌剧。而这些都只是阿多诺从事音乐研究的开端。1925 年初，阿多诺在拿到哲学博士学位后，就动身去了维也纳，踌躇满志地准备做一名作曲家。而在维也纳这一音乐圣殿所发生的事，不都在阿多诺计划之中。他所设想的音乐生涯并非一帆风顺。阿多诺发现自己或许更适合做音乐评论，而非创作音乐。维也纳的音乐圈子似乎也未接纳他。再加上他对维也纳的反感，认为维也纳是一个经济落后、文化轻浮的城市，以及对法兰克福的思念。夏天，阿多诺便返回法兰克福。即便如此，1925 年至 1930 年间却是阿多诺作曲的高峰期，以至于差点再次走上作曲这条路。而 1921 年至 1932 年间，他总共发表了百来篇讨论音乐批评和音乐美学的文章。而与之相比，阿多诺第一篇有关克尔凯敦尔的哲学文章写成于 1931 年，这也是他为申请授课资格答辩而准备的。1928 年，阿

---

① Rolf Wiggershaus. *The Frankfurt School*: *Its History*, *Theories*, *and Political Significance*. Translated by Michael Robertson. The MIT Press. 1994：66.

② Rolf Wiggershaus. *The Frankfurt School*: *Its History*, *Theories*, *and Political Significance*. Translated by Michael Robertson. The MIT Press. 1994：81.

第三章 普林斯顿广播研究项目："二元对立"的发轫之地

多诺甚至担任了维也纳一家音乐杂志《破晓》(Dawn)的编辑工作。他在这家以刊登、分析评论作曲家作品为主的音乐杂志工作长达三年之久。可见，早年的阿多诺对古典音乐的喜爱和执着，远胜于对哲学的追求。阿多诺终其一生，也没有放弃做一名音乐作曲家的尝试。他早年所接受的古典音乐教育也影响了他对流行音乐的态度，对于后者他始终怀有不屑的情绪。

1934年，阿多诺在保守的《欧洲周报》撰文，对被禁的爵士音乐显示冷漠和嘲弄："爵士乐无法在电台播放的现象，在艺术价值上早就证明这一事实：爵士音乐的结局。"[1]

马丁·杰伊评价该阶段的阿多诺："就他当时对研究所的贡献而言，整个30年代，阿多诺几乎都在从事音乐社会学方面的研究。"[2] 即便30年代中期，他逃亡至牛津等地，仍未曾放弃音乐方面的研究与创作。阿多诺对音乐的社会学研究，不是简单地采用社会学的方式，而是分析作品本身的审美形式。他从音乐的内在、传播及创作的社会条件及其影响出发，试图把社会学与音乐结合起来。这种跨学科的方法也是他一直致力的研究方式。他视艺术作品为独立的创造物和社会的产物，正是阿多诺"把音乐置于了他对现代性批判的核心位置，并提出了音乐在现代社会角色的重要问题，从而引起了社会对音乐的新认识"。[3]

1933年，霍克海默等人先后出逃德国，至大洋彼岸。同年，阿多诺因身

---

[1] Lorenz Jager. *Adorno*: *A Political Biography*. New Haven: Yale University Press. 2004: 112.

[2] Martin Jay. *The Dialectical Imagination*: *A History of the Frankfurt School and the Institute of Social Research* 1923—1950. Heinemann Education Books Ltd. 1973: 65. 此处的"音乐社会学"，马丁·杰伊所使用的是the sociology of music，尚不是当下更为流行认可的合成词，如musiciology、socio-music等词语。一些学者认为，在1969年阿多诺去世之后，音乐社会学的研究面临着何去何从，如何进一步发展的问题。就此可见阿多诺对音乐社会学的影响之大。

[3] Tia DeNora. *After Adorno*: *Rethinking Music Sociology*. Cambridge: Cambridge University Press. 2003: 1.

| 想象与错置：传播学史中的法兰克福学派 |

份等原因，失去了法兰克福大学教师资格。1934年春，阿多诺也开始流亡生活，至英国牛津大学。但与维也纳的生活相似，阿多诺难以适应那里的生活。"对于英国的生活，阿多诺是非常失望的，这是因为，'一方面是英国大学中完全不同的机构设置，另一方面在于德国流亡者的学术研究受到极大的限度。'因此他在许多信件中都表达了自己的抱怨。而英国方面对于阿多诺的评价似乎也不积极。"① 有学者认为阿多诺给人的印象更像是纨绔子弟。阿多诺的流亡生活不是长时间地待在牛津，而是在柏林、法兰克福、牛津三地连轴转。为此，他写信向霍克海默抱怨，"之所以这三地转，是为的不让自己成为流亡者，失去回去的可能。也是因为资金只能待一段时间。每次回德国都是有危险的，但是我不得不冒这个风险。"② 这样颠簸不安的生活一直持续至1937年夏天首次去美国。

笔者之所以花了不少笔墨与篇幅，描写阿多诺1937年奔赴美国之前的生活，尤其是有关他早年以来所受的音乐教育，他对古典音乐（严肃音乐）的认可和专业，以及对大众音乐的无感也是造成后来阿多诺和拉扎斯菲尔德在美国广播项目合作中失败的原因之一。③

---

① 胡翼青．传播学科的奠定．1922—1949 [M]．北京：中国大百科全书出版社．2012：102．

② Lorenz Jager. *Adorno：A Political Biography*. New Haven：Yale University Press. 2004：120.

③ 该部分有关阿多诺早期经历的论述除了已有注释出处，其他主要来自 Rolf Wiggershaus. *The Frankfurt School：Its History, Theories, and Political Significance*，Martin Jay. *The Dialectical Imagination：A History of the Frankfurt School and the Institute of Social Research*1923—1950，Gerhard Schweppenhauser. *Theodor W. Adorno：An Introduction*，Tia DeNora. *After Adorno：Rethinking Music Sociology*，Lorenz Jager. *Adorno：A Political Biogreaphy*，Tom Huhn. *The Cambridge Companion to Adorno*，Ross Wilson. *Theodor Adorno* 等有关阿多诺传记的书籍。其中也参考了其中几本中译本，如《阿多诺：一部政治传记》《法兰克福学派史》《寻找方法：焦点小组和大众传播研究的发展》等。

| 第三章　普林斯顿广播研究项目:"二元对立"的发轫之地 |

第二节　美丽新世界中的阿多诺

1937年夏天，霍克海默与阿多诺盼望已久的机会终于出现了：他们寄希望在纽约相聚，以便近距离探讨社会研究所的发展计划和社会研究期刊的构思等。"从纳粹政府上台以来，我从来没有像这几个星期那样幸福快乐。……如果允许我提一件事的话，那就是：像我这种类型的一个作家，生活在嫉妒的寂寞之中，原则上从不屈服，却不得不让他所想的和所说的去适应那些先验的东西，现在突然完完全全和实实在在地看到进入了一个存在着的、美好的集体之中，而根本不用他逼迫自己去'适应'其他生活。这些感受根本无须我来夸张。"①

霍克海默与阿多诺的关系是相互依存和需要。但是这种外人看似亲密无间的依赖，也是经过了不信任、有所保留后逐渐转变的。早在1934年前后，阿多诺认为霍克海默与社会研究所在他不知情的情况下，就离开了他。研究所的部分事情都对他有所保留。而霍克海默却把他们俩终止合作的责任推卸给阿多诺，认为是阿多诺没有主动联系他，反倒想在牛津谋求教职。②之所以在停止合作几年后，霍克海默与阿多诺再续前缘，一方面是因为霍克海默在与弗洛姆、洛文塔尔和马尔库塞等合作后，认为他们很难完成他所期待的哲学层面的多学科分析。相比之下，阿多诺有着相似的立场、研究计划与共

---

① 洛伦茨·耶格尔. 阿多诺：一部政治传记［M］. 上海：上海译文出版社. 2007：134—135.
② 参见罗尔夫·魏格豪斯. 法兰克福学派：历史、理论及政治影响［M］. 上海：上海人民出版社. 2010：215—216.

| 想象与错置：传播学史中的法兰克福学派 |

同的研究兴趣。再者，在霍克海默眼中，阿多诺"对现有环境所具有的那种充满敌意而又尖锐的眼光"，和好斗的性格才是最吸引他的。[①] 另一方面，如阿多诺1937年夏天返回欧洲对友人说的，在美国纽约，与霍克海默的见面，让他再次有了集体的感觉，而不是这些年来那种孤寂的单干状态，"从独裁政府上台以来，我从来没有像这几个星期那样幸福快乐"。何况，经过前些年他与霍克海默的冷战后，霍克海默对他的研究计划的认可退让，更是让他意识到回到社会研究所会有一番作为。在此情景下，两人一拍即合。于是在1937年夏天的短暂聚会后，他们的合作是万事俱备只欠东风了。

仅仅在半年后，拉扎斯菲尔德以纽瓦克大学广播研究项目的名义资助阿多诺，这一举措就是霍克海默和阿多诺一直欠缺的那股东风。已有研究论述多半认为拉扎斯菲尔德资助阿多诺赴美的动机，是为了促成批判学派与经验主义，或是理论研究与经验研究的合作。这样的说法有一定道理。因为拉扎斯菲尔德的确存在把定量研究与定性研究相结合的设想，但是因此就把拉扎斯菲尔德资助的举措认为是他想实施研究方法融合的话，却是一种阐释的表述。拉扎斯菲尔德在林德的推荐下，负责国家青年管理局数据分析的工作。

[①] Rolf Wiggershaus. *The Frankfurt School: Its History, Theories, and Political Significance.* Translated by Michael Robertson. The MIT Press. 1994: 162. 霍克海默对阿多诺甚为了解，这份了解是基于他们俩长期的合作与多年来的无数次通信。当阿多诺尚未牛津求学期间，他多次写信向霍克海默抱怨其当时的生活境况。而在恢复合作，阿多诺尚未抵达美国的那段时日里，他们俩的跨洋通信更为频繁。他们不仅讨论社会研究所的发展，甚至针对研究所的成员进行非常直接的评头论足。或许也是这些通信，让霍克海默坚信阿多诺是他最需要的学术伙伴。而阿多诺更是在信件中，直接表达出对马尔库塞的不屑，直言他是研究所中最薄弱的一环，而存在竞争关系的洛文塔尔、波洛克及弗洛姆等人，也不被阿多诺认可。而霍克海默对阿多诺性格"对现有环境怀有敌视、尖锐、好斗"的评价，可以帮助我们理解在阿多诺抵达美国后，他对大众文化的抵触并不仅是针对美国这个国家。比较他之前的生活经历，我们也可以看到，即便是欧洲国家，具有文化传承的奥地利维也纳、英国牛津在阿多诺眼中，也是属于没有什么积淀，不令他喜欢的城市。因此，如耶格尔把阿多诺对于大众文化的批判归结于他对美国文化的不适应，就过于简约化，且夸大了他对美国大众文化的不满。

第三章 普林斯顿广播研究项目："二元对立"的发轫之地

拉扎斯菲尔德也从未放弃在美国再建立一个类似于维也纳经济与心理研究中心这样机构的可能。但是在拉扎斯菲尔德正式被美国知识界接受之前，拉扎斯菲尔德所需要的研究中心运转资金有大半是霍克海默资助的。因此，拉扎斯菲尔德在1937年邀请阿多诺赴美加入广播研究项目的行为，更像是为了偿还霍克海默对他资助的人情。[①] 从莫里森的一段话可以看出相关原委。

> 1936年当拉扎斯菲尔德需要资金建立纽瓦克大学研究中心时，霍克海默提供了一笔资助。最初几个月里，纽瓦克大学并未提供任何资金支持，而霍克海默慷慨地资助了一个关于领救济金家庭权威和就业的研究项目，还捐赠了2000美元，一半是作为日后需要归还的借款。研究中心初期非常不稳定，因此他会觉得欠霍克海默的不仅是钱财，更是欠了一个人情。[②]

其实这仅仅是拉扎斯菲尔德与霍克海默长期合作中的一个小插曲。魏格豪斯补充：因为纽瓦克大学非常小，经济状况也不好。作为研究小组负责人的拉扎斯菲尔德只能领取一半薪水，另一半得由他自己想办法。拉扎斯菲尔德就不得不像在维也纳一样，寻求商业研究来维持小组的运转。这种情况下，

[①] 参见 David E Morrison. *The Search for a Method：Focus Groups and the Development of Mass Communication Research*. Luton：University of Luton Press. 1998：113.

[②] 胡翼青在《传播学科的奠定：1922—1949》中已经提到"拉扎斯菲尔德之所以这么做，在很大程度上是因为要还霍克海默一个人情"，并业已引用莫里森的上述这段话来论证其观点，这也是国内论述此问题时，最早提及这层原因的。因此，笔者在此直接引用胡翼青所使用的引文，即大卫·莫里森．寻找方法：焦点小组和大众传播研究的发展，转引自胡翼青．传播学科的奠定：1922—1949，102—103．魏格豪斯也在其著作中使用类似的材料，表达了这种观点。除此之外，笔者认为拉扎斯菲尔德在资助阿多诺之际，对后者的研究方向与能力并不是非常了解。因此其出资的行为主要就是为了还霍克海默的人情，而非为了他的学术愿望。拉扎斯菲尔德《论传播研究中的批判研究与行政研究》写于1941年，此时霍克海默已经离开纽约至西海岸，而阿多诺更是较为成功地展开了权威主义人格的经验研究。因此，假若是从这篇文章去理解拉扎斯菲尔德的做法原因的话，就是由结果倒推找原因的手法了。

| 想象与错置：传播学史中的法兰克福学派 |

霍克海默的研究所为他提供了像之前一样的帮助，霍克海默要求拉扎斯菲尔德的研究小组承担一部分工作，主要是数据处理方面的工作，他甚至还支付拉扎斯菲尔德部分工作人员的薪金。在霍克海默与拉扎斯菲尔德的通信中，霍克海默高度评价了后者的贡献："你给予了研究所巨大的帮助。你的经验研究对研究所的发展有着重要的意义，……可是想到你明年可能要离开美国，我就不禁沮丧……林德教授建议我们研究所为你提供一个位置：每月至少抽出几天来纽约。你将来也能继续参与我们的工作。"[①] 拉扎斯菲尔德的回应是："我非常赞同您的建议。从很多方面来说和我的计划是相符的。首先，我本人非常愿意和您以及您的研究所保持联系；其次，为我提供的这个位置也使我有机会和纽约方面进行交流……另外经济上的这笔账算下来也是很丰厚的。"[②]

其次，在阿多诺被委任负责音乐研究项目之前，拉扎斯菲尔德是否认识他，说法不一。其一是拉扎斯菲尔德对阿多诺不认识，"我曾经听说过阿多诺，但是我并不认识他……我读过他用化名发表的爵士乐的文章。"[③] 当然，拉扎斯菲尔德对于阿多诺的批判研究也是略有耳闻，因此拉扎斯菲尔德对阿多诺的到来是抱有几许期盼的。马歇尔对于拉扎斯菲尔德邀请阿多诺，也表示了认可："拉扎斯菲尔德认为已有的研究过于偏向于社会学，它也应该是人文主义和艺术的结合。他把阿多诺纳入了我们研究计划之中，这个举措给我

---

① David Morrison. *The Search for a Method*：*Focus Groups and the Development of Mass Communication Research*. University of Luton Press. 1998：166.

② 罗尔夫·魏格豪斯. 法兰克福学派：历史、理论及政治影响 [M]. 上海：上海人民出版社. 2010：229—230.

③ David E Morrison. *The Search for a Method*：*Focus Groups and the Development of Mass Communication Research*. Luton：University of Luton Press. 1998：166.

第三章 普林斯顿广播研究项目:"二元对立"的发轫之地

留下了深刻的印象。"[1] 但是另有一说是,拉扎斯菲尔德在知道霍克海默想让阿多诺来美国后,他不只是需要报答霍克海默和社会研究所,他本人也是有意愿与这位业已在《社会研究学刊》上发表《论音乐的社会地位》(The Social Position of Music)的作者合作。其至拉扎斯菲尔德在从霍克海默处得到阿多诺同意合作的消息后,就迫不及待地通信表达了他对双方合作的想法与憧憬:

亲爱的魏森格隆德博士:

在最后的几天里,我和我的合作者讨论了我们希望从您和我们在一起的未来的工作中获得什么。请让我告诉您一个扼要的观点,以便我们能在您来这个国家之前就可以就此观点开始通信……可以说,我想使音乐的部分成为"欧洲方式"的猎场。我说这话要表达两点意思:其一是指对所研究的问题持更理论的态度,其二是指对技术进步工具持更悲观的态度。

尤其是第一点,我希望能引起您的注意。我们的项目确实是经验研究。但我和您一样相信,通过广泛的、初步的理论思考,对事实的发现能够获得极大改善。例如,我看了您发表在研究所刊物上的文章后对情况有了如下理解:这正是我们希望从您那里获得的东西,但它必须在两个方面得到推进:(1)针对经验问题;(2)针对这一领域工作的实际执行。……我有意没有给您任何在广播和音乐领域里我自己已经形成的具体问题和观点,因为我认为,让您以不同的方式思考,同时不受我们的影响,这对我们来说更有益处。[2]

---

[1] David E Morrison. *The Search for a Method*:*Focus Groups and the Development of Mass Communication Research*. Luton:University of Luton Press. 1998:176.

[2] 罗尔夫·魏格豪斯. 法兰克福学派:历史、理论及政治影响[M]. 上海:上海人民出版社. 2010:311—312.

| 想象与错置：传播学史中的法兰克福学派 |

阿多诺就拉扎斯菲尔德提出的疑惑，回复了一份长达16页的《问题和论题》(Question and Theses)，提出了他对研究项目的设想与初步看法，如项目的出发点，如"广播的辩证理论""广播的社会理论"，并直言广播现有的形式影响了广播的作用：

> 我的理论态度并不反感经验研究。相反，"经验"这一概念，正在越来越接近我的思考核心……在理论和经验研究之间有着一种相互关系，即辩证方法……我认为，音乐在广播上经历着某些质的变化，这为音乐的研究提供了一个全新的基础。

拉扎斯菲尔德对阿多诺的回复大吃一惊，但他也继续强调经验方法的重要性：

> 我也同意你的观点，这样一种方法首先需要理论分析，也许必须从对音乐生产的分析开始。这恰好可以作为开展任何研究之前进行理论分析的根据地，我期待你来这里开展这些研究。另一方面，我们必须认识到你最后一定要落实到对听者的实际研究上，尽管在很多情形下，仅仅由于时间原因我们不得不停止对于理论问题的表述，与回答听众技巧的讨论。①

两种说法不一，孰是孰非很难去考证，但这不影响本文的论述。从拉扎斯菲尔德通信内容中，可以看出在项目开始之前，他对阿多诺的认识，主要来自那篇文章。拉扎斯菲尔德既需要还霍克海默一个人情，同时也需

---

① 此三段拉扎斯菲尔德与阿多诺的通信内容参考 Lazarsfeld to Adorno, 29 Novermber 1937, Adorno to Lazarsfeld, 24 January 1938, Lazarsfeld to Adorno, 3 February 1938, 转引自 Rolf Wiggershaus. *The Frankfurt School*: *Its History*, *Theories*, *and Political Significance*. Translated by Michael Robertson. The MIT Press. 1994：237—239. 相关译文亦参考了中译本，罗尔夫·魏格豪斯. 法兰克福学派：历史、理论及政治影响 [M]. 上海：上海人民出版社. 2010：311—313. 有关在阿多诺赴美之前，拉扎斯菲尔德是否认识阿多诺的两种不同说法，似乎第二种说法更有说服性，拉扎斯菲尔德知晓阿多诺，但是这种认识也只是停留在文本之上。

第三章　普林斯顿广播研究项目："二元对立"的发轫之地

要有人在理论层面来提升下他的研究。拉扎斯菲尔德在内容层面，对传播研究并无太大兴趣，他所感兴趣的是方法层面的挑战。① 在拉扎斯菲尔德之后的研究中，始终少不了一位理论方面的学者，如阿多诺、米尔斯与默顿等。

霍克海默在得到拉扎斯菲尔德的允诺后，即刻电报告知阿多诺："你来美国的可能性越来越大了。如果你能保障不定期参加拉扎斯菲尔德的普林斯顿广播研究项目，那为期两年每月 400 美元的薪金就有了保障……同拉扎斯菲尔德的合作，不仅能为你提供资金，还能有机会认识对你的研究有帮助的学者。最重要的是，你能回到我们中间。对你和你夫人而言，这是来美国的绝好机会。"② 当事人的另一方，阿多诺在得知这个邀请之后，更是认为霍克海默不会随便向他推荐工作，除非是"我，一个被称为哲学家的人，能够完成这项工作"③。

那时的拉扎斯菲尔德，尚未达到日后在社会研究方法领域如日中天的地位，况且对于自己在美国的未来也没有把握。相比之下，霍克海默已有一定的名气，也是研究所的当家，握有相对充裕的资金。因此拉扎斯菲尔德需要有其他学者，比如霍克海默等学者，来帮助稳固其学术地位。

在阿多诺与拉扎斯菲尔德的合作过程中，仅是阿多诺受邀赴美就存在种种偶然性。要说是计划之中的话，也应该是霍克海默和阿多诺的计划，而拉扎斯菲尔德所做的似乎更像是成人之美罢了。而阿多诺抵达美国之后所做的那些研究，他个人喜好和研究重心更多的是在霍克海默的社会研究所，而普林斯顿广播研究项目就是他为了能申请到美国签证的一个机会罢了。

---

① David E Morrison. *The Search for a Method: Focus Groups and the Development of Mass Communication Research.* Luton: University of Luton Press. 1998: 130.

② Lorenz Jager. *Adorno: A Political Biography.* New Haven: Yale University Press. 2004: 135.

③ 大卫·莫里森. 寻找方法：焦点小组和大众传播研究的发展 [M]. 北京：新华出版社. 2004: 166.

第三节 普林斯顿广播研究项目：典型的美国应用研究项目

普林斯顿广播研究项目（Princeton Radio Research Project）几乎没有在它名义上的所在地——普林斯顿大学——展开过。虽然洛克菲勒基金会要求研究中心设在普林斯顿大学，但在1939年前，拉扎斯菲尔德想尽办法，让纽瓦克成了项目真正展开的所在之地，[①] 而前者却一直是一个摆设。

> 我努力让普林斯顿项目设在纽瓦克大学。我从来没有在普林斯顿大学待过一晚。[②]

因此，普林斯顿广播研究项目打着普林斯顿的旗号，实质上却从未在那里进展过。

虽然拉扎斯菲尔德让阿多诺负责广播研究项目的音乐研究部分，即便如此，在阿多诺眼中，这些广播研究计划中的音乐项目，只能算是"所谓的音乐研究"[③]，好像甚至连使用它的名字也不愿意。[④] 而被阿多诺视为只能算是所谓的"音乐研究"，之所以能成为广播研究项目的原因之一，是出于拉扎

[①] 普林斯顿广播研究项目只是拉扎斯菲尔德纽瓦克大学研究中心中的一项研究项目而已，但是洛克菲勒基金委员会所提供的资金却是整个研究中心的三倍。因为资金力度的原因，研究中心就成了普林斯顿广播研究项目的同义词。

[②] David E Morrison. *The Search for a Method*: *Focus Groups and the Development of Mass Communication Research*. Luton：University of Luton Press. 1998：117.

[③] Theodor Adorno. *Scientific Experiences of A European Scholar in America*. in *The Intellectual Migration*：*Europe and America*，1930—1960，edited by Donald Fleming and Bernard Bailyn. Cambridge：The Belknap Press of Harvard University Press. 1969：347.

[④] David E Morrison. *The Search for a Method*: *Focus Groups and the Development of Mass Communication Research*. Luton：University of Luton Press. 1998：174.

第三章 普林斯顿广播研究项目:"二元对立"的发轫之地

斯菲尔德、坎特里尔等人需要以不引起争议的研究内容,或是方便申请资金的理由来争取洛克菲勒基金委员会对广播研究项目的继续支持。坎特里尔的理由是:"如果只研究广播对社会的影响,办公室的整体工作将不能得到平衡。我们有理由假设社会决定了广播做什么和能做什么。项目的主管们意识到了他们的责任,选择了音乐来研究社会对当今广播的影响。"[1] 拉扎斯菲尔德也表达了类似的观点,认为音乐方面的研究不仅可以缓解广播研究中存在的冲突[2]:"我很清楚进行音乐研究是非正统的,也是一场赌博。但随着研究的进展,我对它越来越乐观。我觉得它不应该被放弃。只要增加小规模的资金,就能获得非常丰富的信息和结果……但是我们不得不付出全面的努力,这有两个重要的原因。首先,音乐覆盖了可使用的广播时间的一半以上。其次是道义上的责任。研究广播这样重要的工具时,就要考察它在整个文化中的位置。但如此一来也许会有冲突性的结论,或许最不易遭质疑的是音乐研究。除了对阿多诺有学术期盼之外,这个研究项目没有任何批判的尝试,也是不完整的。……音乐研究可以利用广播研究项目的数据。这一研究是大胆的尝试,试图阐明美国体制跟广播音乐的相互影响。而且音乐广播是广播中最不具争议性的领域。"[3]

这个研究规划最终没有如拉扎斯菲尔德所预设的那样顺利完成。或许是阿多诺"过于批判与理论性",打乱了他们的计划。阿多诺只完成了四篇有关音乐研究的论文,都未被发表,计划中的著作更是无从谈起。

阿多诺初次见到拉扎斯菲尔德广播研究项目的情景时流露了惊讶与不解:

---

[1] David E Morrison. *The Search for a Method*: *Focus Groups and the Development of Mass Communication Research*. Luton: University of Luton Press. 1998: 174.

[2] 坎特里尔与拉扎斯菲尔德都提及了音乐研究可以缓解当前广播研究中的一些问题与冲突,但是他们俩都回避指出具体冲突与问题。

[3] 参见 David E Morrison. *The Search for a Method*: *Focus Groups and the Development of Mass Communication Research*. Luton: University of Luton Press. 1998: 174—175.

| 想象与错置：传播学史中的法兰克福学派 |

"我在拉扎斯菲尔德的建议下，从一个房间走到另一个房间，与工作人员交谈，听到诸如'喜欢和不喜欢的研究'和'某个节目的成功或失败'之类的词，我简直不知所云。但我意识到，这是收集数据，它们对提高项目在大众媒体的地位是有好处的"①，"我尤其为方法圈子的危险性感到不安：为了理解文化具体化的现象，研究人员必须使用具体化的方法，他们如此具有威胁性地站在我的眼前，以那个机器的形式，那个节目的分析仪。"② "我能够理解：数据的收集，无论对文化工业还是文化咨询委员会等都是有益的。我第一次看到了'行政研究'。现在，我不记得是拉扎斯菲尔德使用了它。"③ 单从阿多诺的自述中，似乎可看出他首次见到拉扎斯菲尔德设计的节目分析

---

① 胡翼青论述 1937 年阿多诺参与的普林斯顿广播研究项目对于日后传播学科奠定重要性的部分中引用提及阿多诺第一次看到的景象，因此在此直接转引相关对阿多诺、默顿对普林斯顿广播研究项目的第一印象的中译本内容。洛伦茨·耶格尔. 阿多诺：一部政治传记 [M]. 上海：上海人民出版社. 2007: 141, 转引自胡翼青. 传播学科的奠定: 1922~1949 [M]. 北京：中国大百科全书出版社. 2012: 78. 而耶格尔也是引自阿多诺 1969 年的那篇文章，即 Theodor Adorno. *Scientific Experiences of A European Scholar in America*. in *The Intellectual Migration: Europe and America*, 1930—1960, edited by Donald Fleming and Bernard Bailyn. Cambridge: The Belknap Press of Harvard University Press. 1969。

② 胡翼青. 传播学科的奠定：1922—1949 [M]. 北京：中国大百科全书出版社. 2012: 78.

③ Theodor Adorno. *Scientific Experiences of A European Scholar in America*. in *The Intellectual Migration: Europe and America*, 1930—1960, edited by Donald Fleming and Bernard Bailyn. Cambridge: The Belknap Press of Harvard University Press. 1969: 364.

| 第三章　普林斯顿广播研究项目："二元对立"的发轫之地 |

仪①的那份惊讶与无奈，但也看到阿多诺对这些研究的认可。但是，由此延伸到阿多诺对经验研究的反感，甚至厌恶的话，又有点过度阐释了。即便是与拉扎斯菲尔德合作融洽愉快的社会学家罗伯特·默顿初次见到这些仪器时，他的反应与感受与阿多诺极为相似：

> 我看到了一幅奇异的景象……我第一次进入了一个广播工作室，我在那看到了一个小组——由 12 个，或者也许是 20 个人组成？——坐成两行或者三行。保罗和我作为观察者待在房间的一边，尽可能地不干扰他们；那里没有单面镜或者类似这样的东西。这些人在听录制好的广播节目，他们被要求在听到激起负面反应——愤怒、生气、不信任、厌倦的内容时按下座椅上的红色键，在产生正面反应的时候按下绿色键。而在其他情况下，不按任何键。我很快发现他们的反应通过一个简单的复写器被累积地记录下来，这个复写器是由封蜡和绳子连接起来的一些水笔组成的，它被用来产生出关于喜欢和不喜欢的累积的曲线。这一简单的机器就是后来大家知道的拉扎斯菲尔德—斯坦顿节目分析仪。在那之后，我们观察保罗的助手之一向这个受试的小组——听众——询问他们被记录下来的喜爱或者不喜欢某内容的原因。我开始给保罗递便条，告知他我在调查员的技巧和程序上发现的很大的不足。调查员没有充分地聚焦于个人和集体特别地显示出的反应。他在不经意中引导着被访者，

---

① 阿多诺所嘲笑拉扎斯菲尔德—斯坦顿节目分析仪是天真的美国实证主义的工具。但也正是这个机械工具，成为之后焦点小组这一研究方法中必不可少的部分。拉扎斯菲尔德本人对它如此评价："我发明了这个机器——这一节目分析仪。我在维也纳甚至还有过相关的论文。我想要发掘出相关原因：到底是音乐结构中的什么东西让歌曲流行起来。我有过这样一个想法，人民只需按下按钮，表明自己喜欢或者不喜欢它，然后音乐方面的学者就会分析音乐结构，把音乐的结构与行动通过某种方式联系起来。"从拉扎斯菲尔德后来的研究中，我们可以看出，他对行动的实证研究非常着迷，如人们做出选举决定的行为，或怎么做出相关购物决定等行为的研究。

| 想象与错置：传播学史中的法兰克福学派 |

当广播节目的片段被重新向这个小组播放时，他并没有激发出听众对先前反应的自发的表述。还有诸如此类的不足……无论如何，在访谈结束以后，保罗问我："您对这怎么想？"我继续表达了我对这整个形式的兴趣，并且比较详细地重申了我对访谈过程的批评。①

当那些以思辨见长的理论家见到一心以方法创新为己任的拉扎斯菲尔德的节目分析仪时，反应是极为相似的：这些听众的反应岂能单靠几个按键就能表达出来，这些数据就真能如实代表听众的反应吗？这些疑问，不仅是1937年面对仪器的阿多诺所发出的，同样亦是1941年默顿的感叹。阿多诺对广播研究项目的反感程度或许强于默顿，他甚至认为："美国人对'项目'一词的理解，翻译成德文是 Forschungsvorbaben，对我而言，是完全陌生的。……'方法'更多的是认识论，而非美国所指的研究操作技术。"他承认"被这样一个以应用性研究为导向的科学震惊了，我完全不知道居然还有这样的研究项目"。② 虽然默顿与拉扎斯菲尔德的合作默契程度远超阿多诺与拉扎斯菲尔德的合作，甚至默顿是拉扎斯菲尔德与多名社会理论家合作中，最默契的理论家。但即便如此，默顿始终保持着与拉扎斯菲尔德式的实证研究的距离，仍然强调在社会学理论层面的开拓，"但很显然，默顿也不赞成当时碎片化的实证研究，因为这种操作技术的研究沉溺于对经验细节的描述，可能会消解社会学的理论取向和学术追求。他批判地指出：'在另一极端，则有一批能吃苦耐劳的社会学家，他们不细究其研究的含义，但他们很自信他们所报道的都是真实的。固然，他们对事实的报道是可证实的并且常常被证实，

---

① 胡翼青. 传播学科的奠定：1922~1949 [M]. 北京：中国大百科全书出版社. 2012: 78.

② Theodor Adorno. Scientific Experiences of A European Scholar in America. in The Intellectual Migration: Europe and America, 1930—1960, edited by Donald Fleming and Bernard Bailyn. Cambridge: The Belknap Press of Harvard University Press. 1969: 340, 343.

第三章 普林斯顿广播研究项目:"二元对立"的发轫之地

但是他们多少有点不知如何解释为什么所做的是这些观察而不是其他观察。'"① 默顿的这些自述又与阿多诺何其相似。

再者,相比于默顿和拉扎斯菲尔德同事间的合作,阿多诺初来乍到,且独自负责项目,甚至在接手之前,成果形式和数量都已被拉扎斯菲尔德们设计好了。虽然表面上看似这是自主性的工作,背后却隐藏着随之而来的各种限制。这些条条框框也成了项目资金投资方对阿多诺不满的一根导火索。

但就此认为阿多诺和默顿的态度是极为一致,或者后来者对阿多诺的认识是一种误解的话,这又从一个极端走到了另一个极端。笔者的分析,无非是想对一贯强调异质性的那段历史补充这些被忽视的共通性。当然,当我们在重新审视共通性之际,也不能忽略两者之间的异质性。阿多诺和默顿两人与拉扎斯菲尔德合作的最大不同之处是前者一直坚持着对仪器的反感,后者逐渐转变了态度。但是默顿态度的转变也是出于自身研究的目的。他把与拉扎斯菲尔德的合作,视为他一生所致力的社会学研究中层理论的契机。在默顿的理论研究中,"他选择的是停留在中观层次,并提出了许许多多的中层理论——越轨理论、角色冲突理论、参照群体理论、社会学矛盾选择理论、科层结构理论、科学共同体及许多其他理论——而不是对社会秩序和社会变迁提出一般性解释。"② 虽说默顿与阿多诺都是社会理论家,但是在理论层面上,对问题的关注有所不同。默顿所中意的理论层面,却是阿多诺不关心的。默顿的研究需要拉扎斯菲尔德的研究方法及其经验材料与结果。即便阿多诺不排斥经验式的研究,但是如何运用经验材料从而得出怎样的社会理论问题,

---

① 胡翼青. 传播学科的奠定:1922—1949 [M]. 北京:中国大百科全书出版社. 2012:83.

② 彼得·什托姆普卡. 默顿学术思想评传 [M]. 北京:北京大学出版社. 2009:3.

| 想象与错置：传播学史中的法兰克福学派 |

却是一个分歧。默顿在社会理论层面上的追求，正是拉扎斯菲尔德心仪的，他还需要辅以理论层面的研究以提升研究的价值。"拉扎斯菲尔德本人对方法学问题的关怀，始终不渝。他相信广播或许几门不同学科带来至关重要的交集：'我们不要吃惊也许有一天行动研究的学问，会翩然降临，从而更清楚地显示各不相联的许多研究之间，彼此具有方法学上的相似性，只因为他们是放在不同名目下完成，像犯罪学、市场调查、意外防护，等等。'"[1] 而阿多诺在理论层面的偏好超出了拉扎斯菲尔德的范围，阿多诺几乎只集中在宏大的社会制度、社会变迁等问题，这也是在霍克海默上任后对法兰克福社会研究所规划的研究方向。默顿的中层理论想法是出于反对其老师帕森斯过于抽象、形式化的宏大理论。中层理论以经验为基础，有经验结果的理论似乎使默顿找到了搭建理论框架与经验研究之间、认识意义与实践意义间的桥梁。正是这些想法，成就了默顿在社会学领域的地位。根本上，默顿的影响还是他作为一个理论家的工作，这点也在他与拉扎斯菲尔德的合作分工中体现出来。"'他是做了一些经验研究，但在该领域他的主要工作还是作为一个理论家体现出来的，特别是体现在知识社会学、大众传播研究、科层结构等这些领域。'……对默顿著作的引证分析，也证实了这点。在1970—1977年8年间，超过2500篇论文曾引用默顿的成果，这导致加菲尔德得出这样一个看法：'其影响力主要源于他的理论贡献……在自然科学和社会科学研究领域，对其的引证至少有三分之二是概念方面的，而不是结论方面的。这也证实了默顿的主要贡献还是集中在理论方面。'"[2]

---

[1] Danile Czitrom. 美国大众传播思潮：从摩斯到麦克鲁汉 [M]. 台北：远流出版公司. 1994：189.

[2] 彼得·什托姆普卡. 默顿学术思想评传 [M]. 北京：北京大学出版社. 2009：14.

第三章　普林斯顿广播研究项目："二元对立"的发轫之地

"不仅是口头表达，在实际研究中，默顿也确实不喜欢描述式的实证研究。拉扎斯菲尔德的第一任妻子扬·霍达曾经与默顿一起在应用社会研究局合作，但研究成果最终未能发表，扬·霍达指出，之所以研究报告没有能够出版，完全是因为默顿认为该报告没有在理论上作出贡献。""它（住房研究）是一项杰出的研究，即便它没有任何成果发表。他（默顿）真的是导致没能发表的'罪人'。……在保罗的影响下默顿做了很多的实证研究。我完成了这个由默顿指导的研究中的两部分。他没有让它发表，是因为它没有对中层理论作出什么贡献。默顿有他的复杂性和固执之处。"[1] 从跟拉扎斯菲尔德的合作过程中，默顿也在坚持着自己的理念，尤其是对中层理论的坚持。但是，得承认默顿与拉扎斯菲尔德数十年之久的合作富有成果，包括共同撰写的几部著作，以及在"哥伦比亚大学应用社会研究所"的众多研究项目。他们彼此有着完全不同的研究风格，但却能相互补充和丰富；"对这两个具有不同背景、不同思想风格和不同学术目标的极为独立的个体来说，他们都期望能够尽量密切地真正达到互补。"[2]

由此看出，不能简单地通过两位社会理论家对待拉扎斯菲尔德—斯坦顿节目分析仪迥然不同的态度，认为默顿转变了其对拉扎斯菲尔德研究项目的态度，而阿多诺却固守着他的厌恶情绪。他们对于广播研究项目态度的差异，更多的是源自经验研究对于理论层面研究所能起到的作用。如果经验性的研究能够满足他们在理论层面上的追求，或是促进理论建构，他们并不会有反感，更谈不上厌恶了。默顿把节目分析仪融入了他后来的研究，成为理解受

---

[1] David E Morrison. *The Search for a Method: Focus Groups and the Development of Mass Communication Research.* Luton: University of Luton Press. 1998: 156.

[2] 彼得·什托姆普卡. 默顿学术思想评传 [M]. 北京：北京大学出版社. 2009: 27.

| 想象与错置：传播学史中的法兰克福学派 |

众的新工具，从而产生了新的研究方法——焦点小组。离开普林斯顿广播研究项目后的阿多诺，却在西海岸通过更为复杂的测量，完成了他的权威人格研究。而类似的研究方法，在当时阿多诺看来，这些"数据除了看似具有一定的客观性外，被测量者对刺激的反应态度的统计平均值还是停留在主观层面"① 的方法。马丁·杰伊打趣道："文化或许不能被测量，但是偏见好像可以'被测量'。"② 由此，经验性的研究方法，确实会让侧重思辨研究的理论研究者产生不适，这种不适并不是源自方法的不同，更多的是这些不同于以往的研究方法，能否让他们以此进行想要的研究，或是完成他们所预设的研究目标。倘若经验性的研究手段辅助促进了理论研究，研究者势必不会对此反感或拒绝。反之，研究方法无法配合理论研究，或是达不到目标，经验性的研究方法不应该成为"替罪羊"，它只是表面层面存在的问题，其背后通常有着更深层次的冲突。

还有一种说法认为，阿多诺对美国大众文化、流行音乐的批判，与他难以适应美国的大众文化有很大的关系："资本主义和精神层面的操纵似乎构成了全部。商业化的大众文化，给在美国研究音乐的阿多诺很大的打击。它完全不同于之前他在欧洲的经历。他在欧洲时看不到无处不在的广告。唯一能够相提并论的就是法西斯的宣传。"③ 阿多诺无法适应美国的大众文化。但是把两者过多地联系起来，又有点牵强。早在 1936 年，阿多诺在给霍克海默的

---

① Theodor Adorno. *Scientific Experiences of A European Scholar in America*. in *The Intellectual Migration: Europe and America*, 1930—1960, edited by Donald Fleming and Bernard Bailyn. Cambridge: The Belknap Press of Harvard University Press. 1969: 354.

② Martin Jay. *The Dialectical Imagination: A History of the Frankfurt School and the Institute of Social Research*. 1923—1950. 1974: 224.

③ 胡翼青. 传播学科的奠定：1922—1949 [M]. 北京：中国大百科全书出版社. 2012: 101.

第三章　普林斯顿广播研究项目："二元对立"的发轫之地

信中提及了上面那些问题："最终还得讨论法西斯这个问题，这样就会出现社会心理'调解'的难题。但这可以在一个类似'善意的'模式上学习，即广告。人们或许可以通过对广告的学习，了解法西斯的结构。广告在法西斯那儿第一次进入政治中心——确切地说是进到了政治的最前端。"[1] 如果要说对美国大众文化的批判，阿多诺探讨的是大众文化背后的社会制度对人的扭曲与控制。人们通过对自然的统治，才得以保证自身的生存，但在商业化之下，又丧失了人性的自由。

耶格尔借用了赫胥黎《美丽新世界》（*Brave New World*）这一书名作为其笔下阿多诺传记中阿多诺抵达美国后这一章节的标题。赫胥黎在《美丽新世界》中描写了两种对新世界不满的人：一种是内部人，另一种是外部人。这两种人都对新世界压抑个人自由和泯灭个人的可怕性有所认识，都试图进行反抗新世界的非人性。新世界就是扼杀个人与个人自由的非人世界的代名词。赫胥黎探讨的是物质文明泛滥时人类社会的发展方向，意图反思未来社会中精神由物质主宰，人性自由被技术和秩序消解，反抗只是一些杂音、噪音，瞬间被淹没。正是这种对技术发展的反思，对人类命运的忧虑，使得《美丽新世界》成为"反乌托邦"文学的一面旗帜。耶格尔的用意再明显不过，他认为，在阿多诺踏上大洋彼岸后，他眼中的美国，正是赫胥黎笔下的新世界。阿多诺的聚焦点，跟赫胥黎所批判的相似，精神被物质控制，人性的自由被技术瓦解。阿多诺对美国的认识，根源正是美国大众文化。阿多诺对于技术桎梏人性自由的认识，与他在大洋彼岸亲身体验美国大众文化密不可分，但是，耶格尔把这一切都归结于美国大众文化，则似乎过于夸大外在因素了。

---

[1] Lorenz Jager. *Adorno：A Political Biography*. New Haven：Yale University Press. 2004：166.

| 想象与错置：传播学史中的法兰克福学派 |

他在描述阿多诺去广播研究项目的情景时引用了阿多诺的日记，证明这个"新世界"带给初来乍到的"流亡者"的是可怕的悲伤："'项目所在地是在一家废弃不用的啤酒酿造厂里。我乘车去那儿时，穿过哈德逊河下面的隧道，有点觉得我是在俄克拉荷马的卡夫卡自然剧院里。'……乘地铁时，一位年轻的女士引起了他的注意，他觉得她举止高雅、妩媚动人，尽管她穿的连衣裙有些让人难以接近的味道。半是出于同情，半是出于'对异性的渴念'，他朝她看来一眼，朝着她微笑。没有得到他试图接近的回应，相反却是对他的拒绝：她'做出极不友好的样子，把裙子拉拉好，盖住那修长双腿的膝盖'。人们会说，这是司空见惯的乏味琐事：一个男人在女人那儿碰了钉子。但是读者在这儿可以观察到一种释放出来了的、几乎不能控制的、对现存社会制度的批判性幻想。阿多诺猜想这名年轻女子是来自欧洲的一位流亡者——来自哪儿，维也纳或是柏林，或许那儿流行调情挑逗，可在这儿却完全是另一番情况：'您不知道，那个神态告诉我，我们身处美国，这儿是不可以与女人搭讪的，哪怕是朝我微笑也不行。如果我是回家去，那我就老老实实回家去；只有我想寻乐的时候，我才愿意娱乐我自己。'人们乐此不疲地对这一场景做社会心理学方面的解释，最后，这名女子的反应似乎成了庞大迷惑关系中的一个部分：'她在不知情的情况下屈从了当时环境，这个场合让她的美丽变为一种自然的垄断，这也是她面对有权有势的上级领导、面对忙碌的救助机构和令人心烦的亲属唯一能做的。'"[①]

对于阿多诺的这种私人化的描述，无法过多阐释。我们需要看到作为一个处于流亡期间的欧洲大陆知识分子，来到美国的东海岸，意味着他不得不

---

① 洛伦茨·耶格尔. 阿多诺：一部政治传记 [M]. 上海：上海译文出版社. 2007：139—140.

第三章 普林斯顿广播研究项目："二元对立"的发轫之地

与欧洲以及纯粹的哲学研究的暂时告别。那些在地铁上的见闻记录，更像是一种随感，往往会被掺入流亡的悲伤或是对德国的思念，而他的祖国也一直是阿多诺评判异乡的标准。耶格尔所强调的地铁见闻，其实充斥在阿多诺日后的著作之中："美国自然风光的不足之处，是缺少历史的积淀。美国不缺少耕地，并不是没有未开垦的和只有灌木丛那么高的森林，而主要是指街道。它们总是突然地将自然景色强行分开，它们越是平坦、越是宽广，它们闪着光的路面与杂草丛生的周边环境就越发显得毫无关联和粗暴，并且毫无生气。"[1] 虽然阿多诺留下了这些有关美国生活种种不适的文字，但是，流亡生活的日子使得阿多诺涉猎更为广泛，"新世界"的生活经历带来的积极面依然存在，如"在美国，我不再崇拜文化，而能旁观审视文化。我虽然从事社会批判，充分意识到经济的优势力量，却觉得精神具有绝对的意义。这一点我是到美国才意识到。不是所有人对精神都肃然起敬。民主在美国已渗入生活。而在德国，还是形式的游戏。甚至形式都不是。

耶格尔用阿多诺不适应美国的大众文化及生活，来应对其对大众文化的批判。殊不见，阿多诺笔下对美国生活种种"负面"的描述，与他的思乡情绪有着密切的联系。与其认为他对美国大众文化的态度是一种反感或是抵触，不如说更多的是一种警惕。在阿多诺的眼中，美国的大众文化、娱乐工业令他想起了他们这批法兰克福社会研究所成员经历过、正在他家乡大肆发展的极权主义——法西斯主义。阿多诺、霍克海默等这些来自欧洲的流亡学者，正是由于法西斯主义的兴起，不得不背井离乡逃亡至大洋彼岸。没有这种经历的美国本土学者，也很难理解他们对于集权主义的警惕性与人性自由的渴

---

[1] 洛伦茨·耶格尔. 阿多诺：一部政治传记 [M]. 上海：上海译文出版社. 2007: 142—143.

望。再者，相比其他学者，用霍克海默的话来说，阿多诺"对现有环境所具有的那种充满敌意而又尖锐的眼光"，和好斗的性格才是最吸引他的。[1] 但也正是这种更为好斗、挑剔的性格，使得阿多诺不容易接纳外来文化。一如在20世纪20年代末至30年代初，他在欧洲被誉为音乐圣殿的维也纳的生活也未必深得他心。

阿多诺对美国大众文化的态度，是我们理解他的著作、观点的重要因素。但是，孤零零地突出这点，只凸显其对美国大众文化鄙夷或反感的表面反应，却会忽视其背后对于文化工业的警惕与担忧。倘若把阿多诺在美国的经历置入其整个人生长河之中，似乎能够更好地理解他对美国大众文化，即整个文化工业，包括流行音乐、爵士音等批判。同样有助于理解阿多诺与拉扎斯菲尔德的广播音乐项目合作，而非简单地将这次合作的不成功归咎于研究范式的冲突。

第四节 研究范式冲突？还是学术与商业的博弈？

普林斯顿广播研究项目全称是"广播对于各类听众的重要价值"（the essential value of radio to all types of listeners），除了拉扎斯菲尔德是项目负责人外，还有两位负责人：一位是心理学家哈德莱·坎特里尔（Hadley Cantril），另一位是弗兰克·桑顿（Frank Santon）。前者就职于普林斯顿大学心理学系，

---

[1] Rolf Wiggershaus. *The Frankfurt School: Its History, Theories, and Political Significance.* Translated by Michael Robertson. The MIT Press. 1994：162.

第三章 普林斯顿广播研究项目："二元对立"的发轫之地

早在负责项目之前，坎特里尔与同事合著了《广播心理学》，也出任过普林斯顿大学心理学系主任。而后者①在取得博士学位后，就加入了美国哥伦比亚广播公司的研究部门，担任过哥伦比亚广播公司副总裁的职务。二战期间，桑顿为战争信息办公室、战争部长和海军部提供咨询。他组织了美国历史上第一次总统候选人的电视辩论。他们两人撰写了项目的草案，使普林斯顿大学获得了洛克菲勒基金一笔为期两年的相当可观的资助。在项目需要研究负责人之际，罗伯特·林德②推荐了拉扎斯菲尔德担任此职务。此后，坎特里尔和桑顿认为，两年的时间可以发展一种新的研究方法，他们俩把希望寄托在拉扎斯菲尔德身上。拉扎斯菲尔德的研究经历以及对方法的迷恋，使他成了项目研究的负责人。

在研究项目展开的过程中，对拉扎斯菲尔德能力和工作持有认可与赞同态度的林德，也担心拉扎斯菲尔德所领衔的研究局的学术自由的问题。林德

---

① 桑顿曾被选为应急通信局的指定管理员。该局是艾森豪威尔于1958年为应对国家紧急事件而创建的秘密机构的一部分。

② 对拉扎斯菲尔德而言，林德的推荐与帮助，对他在美国学术界立足起到了举足轻重的作用。1937年，他推荐拉扎斯菲尔德担任普林斯顿大学广播研究项目研究负责人，年薪高达6000美元。1941年，更是林德的举荐与坚持，拉扎斯菲尔德方能任职哥伦比亚大学社会学系的职位。这两次推荐，几乎是拉扎斯菲尔德在美国学术界最为重要的两个节点。拉扎斯菲尔德也深知林德及其夫人的帮助，1941年出版的 Radio and the Print 一书，扉页就表达了对林德夫妇的感谢。在此之前，拉扎斯菲尔德因为经费问题而无法继续在美国开展研究，甚至有可能打道回府之际，正是霍克海默出资帮助拉扎斯菲尔德，社会研究所的一部分数据分析工作交予他负责。林德与霍克海默两人，在拉扎斯菲尔德的美国学术之旅的作用，还是极为突出的。莫里森认为，罗伯特·林德也许是拉扎斯菲尔德在美国的第一年所结交的最重要的朋友，也是拉扎斯菲尔德的一个重要的支持者。在当时拉扎斯菲尔德身边朋友中，林德对他的认识算是深刻及全面的，为此他担心过拉扎斯菲尔德在项目研究中走得太远，与商业联系太多，以至于放弃自己的学术追求。林德也曾客观地评价他："我和他在气质上不同，我是简单、直率的，而他略微有点含糊其辞，但是我根本不怀疑他本质上的正直……我发现他是一个开放的和擅长合作的人。""据我所知，他是社会心理学领域里最有能力把强有力的技术培训和技术能力以及组织研究的想象力和精力结合起来的人……他远比芝加哥的斯托夫更有想象力。"

| 想象与错置：传播学史中的法兰克福学派 |

并非不了解社会应用研究局的具体工作，但他仍然相信这些研究项目对于美国社会学在研究方法的发展是能够产生重大改进的。但是研究局和商业世界的紧密联系，尤其是财政上的联系会损害它在大学的地位。令林德真正担心的是，拉扎斯菲尔德会放弃自己所有的学术抱负而投身市场研究。马歇尔和林德曾就拉扎斯菲尔德对学术生活的看法进行过一番讨论：

> 简而言之，任何顾问性质的研究都会使拉扎斯菲尔德面对两种选择。如果他选择了学术一方，他必须意识到那就意味着他放弃了另一种选择，一种能让他通过自己对于投票和市场研究的兴趣而获得可观工资的选择。拉扎斯菲尔德总是说他更倾向于学术研究，但是他现在必须做出选择。①

林德的担心并非无中生有，但是，这也不单单是拉扎斯菲尔德一个人能控制的。虽然拉扎斯菲尔德为了维持研究局和他的研究运作时，看起来更像是一位商人。他曾经因为预测南美洲国家的问题将是战后美国主要目标，而让研究局的人员学习西班牙语。拉扎斯菲尔德为此解释道："这完全是政治上的一个判断失误。我认为曾南美将会成为美国主要战后目标。"② 有人会认为拉扎斯菲尔德是典型的投机主义者。但是，身为一个独立研究机构负责人的他，无论是否出于本意，他都得寻找资金来维持研究的运作。典型的学术组织机构与赞助资金的基金会之间的关系是，前者需要对后者提供的资金负责，完成相关项目。拉扎斯菲尔德描述负责审核应用研究局研究报告的基金会管理者，"无法确定他是否有资格获得教职，但是他却有着权力来决定我们的项目是否配得上资金资助。"③ 而来自基金会的干涉影响到底会有多大，也与研

---

① 大卫·莫里森. 寻找方法：焦点小组和大众传播研究的发展 [M]. 北京：新华出版社. 2004：111—112.

② David E Morrison. *The Search for a Method：Focus Groups and the Development of Mass Communication Research*. Luton：University of Luton Press. 1998：131.

③ 参见 David E Morrison. *The Search for a Method：Focus Groups and the Development of Mass Communication Research*. Luton：University of Luton Press. 1998：130.

第三章 普林斯顿广播研究项目:"二元对立"的发轫之地

究机构性质、负责人与基金会管理者的性格与学术品位、甚至基金会的学术风气有关,但是,"至关重要的是研究机构所接受并认可的底线。在经济紧张时期,研究机构会放低对学术的要求,会因需要资金而接受一些项目,即便这些项目在资金充足的情况下肯定是会被拒绝的。维持一个研究机构的运作是昂贵的。"①

虽然拉扎斯菲尔德作为应用研究局的负责者,负责广播研究项目,但是研究成果是否得到认可和通过,不是他所能决定的。"拉扎斯菲尔德是一个经理式学者,能够在一个研究单位内同时主持和协调无数个研究计划,这项经验使他的名声不胫而走。"② 就是游弋于学术与商业之间的拉扎斯菲尔德,都未必能够适应充斥着商业气息的美式研究项目,更不用说始终沉浸于强调独立学术的欧洲传统之下的阿多诺了。阿多诺认为,只有纯粹的学术批判才可能是有好处的,也只有具有和他一样学术地位的学者才可以对他提出批评或给予建议。而那些基金会委派的管理研究项目的管理者没有能力与其进行学术对话。现实却是这些人是阿多诺研究报告的最终审核人。他们就是雇主与雇员的合作关系,这意味着结局不会像以往那样顺利。原因很简单,阿多诺不是拉扎斯菲尔德,他没有后者那样需要向资金方屈服的现实压力和必要。他的重心是在霍克海默那里,而非像拉扎斯菲尔德那样要负责主持一个研究机构的运营。

阿多诺与拉扎斯菲尔德广播研究项目合作之所以没有成功,主要原因并非在于两位当事人,也非他们各自研究方法的冲突,而是广播研究项目背后的主导权,即其商业性质的属性与最后决策权的掌控,甚至可以最后归纳为

---

① David E Morrison. *The Search for a Method*: *Focus Groups and the Development of Mass Communication Research*. Luton: University of Luton Press. 1998: 130.

② Danile Czitrom. 美国大众传播思潮:从摩斯到麦克鲁汉 [M]. 台北:远流出版公司. 1994: 187.

| 想象与错置：传播学史中的法兰克福学派 |

到底是谁说了算的问题，其实是学术与商业两者间的博弈。拉扎斯菲尔德在广播研究项目的角色，更像是研究蓝图的策划者与研究方法的设计者。某种意义上说，他也是一位执行者。所以说，如果把没有成功的原因归结于拉扎斯菲尔德和阿多诺身上的话，就停留在表面，忽略了其背后的商业基金委员会才是项目的主导者和控制者。在这样的情况下，阿多诺与拉扎斯菲尔德合作的不成功，被放大或想象成方法论的矛盾，而非学术与商业两者间的博弈。毋庸置疑，博弈的结果是学术让步于商业。这样的博弈不是第一次发生，只不过在此之前，类似的博弈都被拉扎斯菲尔德巧妙地回避或者提前妥协了。为此，他的种种行为，还是被身边关心的人认为是舍弃学术投奔商业的冒失举措。即便是罗伯特·林德，极为熟悉和信任拉扎斯菲尔德的人也有过类似的担忧。既然拉扎斯菲尔德可以妥协，那为何阿多诺却迟迟不愿退步，坚持己见？除了阿多诺对古典音乐的坚持、其赴美目的是与霍克海默合作，而非广播研究项目等因素紧密相关之外，拉扎斯菲尔德与阿多诺不同的处境，也决定了他们俩会做出各不相同的抉择。

许多流亡至美国的欧洲学者，都会面临诸多适应的新困难，"总体而言，在对理论的崇敬以及对实证的鄙视中成长起来的德国流亡学者们来说，他们进入了一个完全不同的学术环境：乐观的、实证的学术环境。"[1] 相比其他欧洲学者，1933年来到美国的拉扎斯菲尔德，却并没有显得无法进入这样对立的学术环境。他充分感受到了亲切感。当拉扎斯菲尔德意识到自己"局外人"的流亡者身份，他以一种外人看似逃避的方式来面对："当我第一次来的时候，那里还是有一定的反犹主义存在。而且我的口音……事实上，我的外国身份的影响是如此之大，以至于盖过了犹太身份的影响。由于我的外国

---

[1] 参见大卫·莫里森. 寻找方法：焦点小组和大众传播研究的发展 [M]. 北京：新华出版社. 2004：108.

| 第三章　普林斯顿广播研究项目："二元对立"的发轫之地 |

身份，没有人认为我是一个犹太人——口音拯救了我的生活。"① 在20世纪40年代，在哥伦比亚大学拿到教职的他，仍然耿耿于怀：

> 多年来我一直在收集笑话，在公共场合自嘲我的口音，尤其是当我在哥伦比亚大学作为官方的代表发言时。而我首先要说的笑话是我没有与"五月花"或者其他一起来到美国。②

作为一名基金的高级官员，跟众多移民学者打过交道的马歇尔直截了当："拉扎斯菲尔德是一个具有手腕的人，他是典型的移民，只有把握身边的人才能确定他们的学术地位。"③ 所谓的"手腕"，主要是指拉扎斯菲尔德在美国为了营造他的研究机构过程中的一些行为。拉扎斯菲尔德本人把它称之为"欧洲式的态度"："我试图把个人所有的研究都和机构联系起来，也许这个机构日后能够为我赢得名利或其他。当然，除了这一欧洲式的态度外，我已经足够美国化了。"④ 不同于英国或者美国的学术文化，在拉扎斯菲尔德看来，成功的顶点就是拥有一个跟自己名字联系的机构。或许他已经意识到，他以常规方式获得美国大学系主任的可能性微乎其微，于是他试图建立独立的研究机构来达到自己的目标。莫里森与马歇尔对拉扎斯菲尔德"欧洲式的态度"的看法：

> 他随时都会注意到无论自己做什么，都必须和他的机构联系在一起，而不是作为个人机构好像成了他的动力——也就是说，他的名誉依赖于

---

① 大卫·莫里森. 寻找方法：焦点小组和大众传播研究的发展 [M]. 北京：新华出版社. 2004：108.

② Theodor Adorno. *Scientific Experiences of A European Scholar in America. in The Intellectual Migration: Europe and America*, 1930—1960, edited by Donald Fleming and Bernard Bailyn. Cambridge: The Belknap Press of Harvard University Press. 1969：369.

③ David E Morrison. *The Search for a Method: Focus Groups and the Development of Mass Communication Research.* Luton: University of Luton Press. 1998：108.

④ 大卫·莫里森. 寻找方法：焦点小组和大众传播研究的发展 [M]. 北京：新华出版社. 2004：115.

这个机构。……这就是典型的欧洲式态度。每个在德国或者奥地利拥有一定地位的学者都会有自己的机构。他无非是把这样的态度也带到了美国。①

可见，相比一些欧洲流亡学者，拉扎斯菲尔德固然在个性、学术方向甚至政治立场上都更易融入美国社会。但是在与商业机构合作的过程中，他的妥协与退步，也是与他营建属于个人机构密不可分的。

相比之下，阿多诺没有这种负担与想法。于他而言，是如何取得霍克海默信任，进入法兰克福社会研究所核心圈。因此，他在意或妥协的对象是霍克海默。在阿多诺赴美之后，他改善了之前与霍克海默忽冷忽热的关系，也经历了一个向霍克海默妥协与退步的过程。就此，在广播研究项目过程中，阿多诺似乎可以忽视甚至无视商业机构甚至管理者的意见。即便无法顺利完成研究项目，也不会影响或妨碍之后的研究，更不会让他打道回府。后来也证明，现实的确如他所料。在广播研究项目不欢而散后，阿多诺从纽约到洛杉矶后照旧可以研究，更是以经验研究的方式取得了极为瞩目的研究成果。拉扎斯菲尔德则不同，独立经营着研究机构的他，需要足够的科研资金维持下去。即便他取得了美国公民身份，但是在1941年拿到哥伦比亚大学社会学职位前，他仍然需要研究机构以便完成学术构想。最终也正是这种"欧洲式的态度"成就了拉扎斯菲尔德，他后来回忆道："在美国大学建立独立研究机构，以及发展一种研究风格，并在众多大学流行"。这是他为美国社会科学研究作出的重要贡献。拉扎斯菲尔德的那种"欧洲式的态度"，或许也是霍克海默等其他学者的态度，却无法成为阿多诺的一部分。

阿多诺孤傲的性格，对环境充满敌意又尖锐的眼光以及好斗的性格，使

---

① 大卫·莫里森. 寻找方法：焦点小组和大众传播研究的发展 [M]. 北京：新华出版社. 2004：166.

第三章　普林斯顿广播研究项目："二元对立"的发轫之地

得他与新环境的同事相处变得困难,也是导致1940年夏天阿多诺和普林斯顿广播研究项目合作终止的一个重要因素。

"我曾有这样的想法,那就是把阿多诺这样的理论家与像维贝（Gerhart Wiebe,爵士乐研究家,后来成为波士顿大学传播学院院长）这样典型的美国人联合起来……我需要欧洲人,同时还需要美国实证主义者,不过结果却是失望的。阿多诺非常不包容,他甚至认为维贝只是最低级的人。"[1] 阿多诺向来不是一个易相处合作的人[2],但是他与维贝的关系却是前所未有的糟糕。阿多诺写道："他几乎无法理解我在做什么和想什么。他有着偏见：我对社会是一贯持批判态度的,我是自负,但是他觉得我是傲慢自大的人。他对欧洲人充满猜疑,就像18世纪的资产阶级对法国贵族移民所抱有的不信任一样。尽管我没有什么影响和权力,但是他还是觉得我是利用他人的小人。"[3]

阿多诺不擅长与人相处。在广播研究项目中,从管理人员到采访对象,

---

[1] 参见大卫·莫里森. 寻找方法：焦点小组和大众传播研究的发展 [M]. 北京：新华出版社. 2004：166.

[2] 阿多诺不易与人相处这一事实,可以从他与本雅明、霍克海默的长年通信内容中窥见一二。他常常在信件中抱怨马尔库塞等社会研究所的同事,或许这些也与彼此存在竞争有关。即便如此,不能忽视的是,他瞧不上很多学者的研究,似乎认为这些研究要不是所关注的问题不值得论述,要不就是对于问题的切入存在偏差,但是,霍克海默与本雅明是例外。倘若说阿多诺顾虑霍克海默,多少与后者现实地位有关的话,那他对本雅明是一种极其真诚的态度。已有的有关文化效果的研究中,把阿多诺和本雅明纳入两个不同,甚至是对立的阵营的说法,也是误读了他们俩的作品,或是未能了解其作品后的意图。其实他们俩对于这些问题的看法是较为一致的,而且阿多诺也曾认为本雅明的拱廊桥计划给了他很多学术灵感,也为这个计划没有最后的展开而惋惜。阿多诺在普林斯顿音乐研究项目中完成的四篇论文之一《广播交响乐》就是他对本雅明"机械复制时代的艺术作品"所进行的研究的延伸,具有相似一致的连贯性,阿多诺认为：广播中的交响乐仅仅表现了现场演奏的幻象,就像戏剧的胶片仅仅是生活幻象一样。

[3] Theodor Adorno. *Scientific Experiences of A European Scholar in America. in The Intellectual Migration：Europe and America*, 1930—1960, edited by Donald Fleming and Bernard Bailyn. Cambridge：The Belknap Press of Harvard University Press. 1969：348—349.

| 想象与错置：传播学史中的法兰克福学派 |

几乎无人赞扬他，拉扎斯菲尔德例外。① 从性格角度来看，阿多诺与拉扎斯菲尔德之间不愉快的合作在很大程度上仅仅只是因为合作的一方是阿多诺。但是，对阿多诺一直怀着包容心态的拉扎斯菲尔德，在多次阅读完阿多诺的研究文章后，也不得不向他抱怨："你难道不认为在文章中使用拉丁文字的方式完全是一种盲目崇拜吗？'必需的条件'表达了相应拉丁文字的所有含义，但你明显着魔般地认为使用能够代表你的教育程度的文字，从而让你能够更有安全感。"② 在性格或相处方面，拉扎斯菲尔德容忍着阿多诺，但是在学术研究方面，容忍也是有限度的。在阅读完阿多诺一篇论文后，拉扎斯菲尔德

---

① 胡翼青在《传播学科的奠定》中提及，从整体的角度来看，这次合作失败的原因肯定不仅仅是阿多诺不会做人，这种说法显然不像一个成熟的史学家所能得出的结果。而且如果有可能，我们还得想想是什么人认为阿多诺不会做人，他是在什么情境下阐述这个观点的，他有什么动机和意识形态。但是因为此问题并不是该书的核心问题，因此没有展开论述。笔者认同胡翼青的观点。阿多诺傲慢的个性，或许影响了他在广播研究项目的前程，但是就此归结于他的个性，就过于草率与简单了。个性问题，就跟研究方法一样，都是种种表面现象。同样是阿多诺，性格没有做出改变，却能在西海岸做出一系列的经验研究，就是一个证明的好例子。笔者试图以此次合作过程中的众多小细节还原当时的一些场景，但是不能就此过于纠结在这里。接下来拉扎斯菲尔德、马歇尔的一些论述，再次很好地验证，虽然阿多诺个性不易相处，但是为了研究项目的进程，这些都不是问题。在马歇尔等委托方看来，阿多诺的那些研究成果是压倒他的"最后那根稻草"。即便是性格温和的拉扎斯菲尔德也遇到过相似问题，贝雷尔森认为当时的学术界并不真的信任拉扎斯菲尔德，他似乎过于胆大妄为，他是外国人，他太聪明了，他太自信了，而学术界有时可能会觉得他傲慢，而且他和商业世界有着太多联系了。他所建立的个人机构吸引着哥伦比亚大学所有聪明的年轻人，而这也是不满的根源。同样詹姆斯·科尔曼在谈到拉扎斯菲尔德影响的时候也有相似看法：这也是一些社会学家敌视他的关键原因。尤其是那些致力于学究气的、非实证的欧洲传统意义上的社会心理学研究的社会学者们，他们发现一个学科从他们身边被夺走了，向着一个他们既不喜欢也没有能力从事研究的方向发展。来自大洋彼岸的欧洲流亡学者们，在一个陌生的环境中，无论自身为此尝试做出怎么样的努力，都会经历一个敌视、不被接纳的过程。那么一个自恃清高，不愿自降身份去改变自己的学者，所要面临的是一种更为敌视与尖锐的环境。

② 大卫·莫里森. 寻找方法：焦点小组和大众传播研究的发展 [M]. 北京：新华出版社. 2004：171.

134

第三章　普林斯顿广播研究项目："二元对立"的发轫之地

的不满情绪也被"引爆"了：

> 你似乎把批判思想的独立性与随意的侮辱混淆了。因此，如果你找到一种生动有趣的侮辱时，你就会感到非常的满意，而不再考虑其他侮辱的可能性。在第111页，你写道：广播网络对于迎合它们听众的偏好感兴趣，因为它们害怕失去它们的执照。难道它们不会至少也是部分因为对销售广播时间段给广告主感兴趣，所以需要保证巨大的受众数量，于是才迎合听众？在第107页和109页，你提出了一个理论，即负责节目的广播工作人员挑选了如此低级的节目，原因是他们和广大的市场有一样坏的品位。难道不可能这些工作人员不是白痴，而是想要让大众更好的品位堕落的恶棍？（有多少广播工作人员在他们的个人生活中收听他们自己的节目？）

一方面说，阿多诺的批判精神得到了周围人们的认可与欣赏，虽然不完全明白他说的是什么；但是另一方面，阿多诺与人交往的方式对他没有任何帮助。基金委的高级官员马歇尔在阿多诺眼中是一个"无知的年轻人"，但也被阿多诺思想的原创性所打动，但终究与其他人员一样，认为阿多诺提供的研究资料几乎没有任何可用性。"由于阿多诺的原创性，使得马歇尔非常忙碌。方法的确有很多新颖的特点，而且在很多方面预示着广播的社会重要性。但是马歇尔的决定可以这样总结：真正的问题在于研究的可用性。如何评判这一可用性，必须看它能在多大程度上改善广播音乐的不足。"更为关键的是，他们认为阿多诺研究成果没有可用性的原因，是在于他自身的动机，并没有主动理解研究的需求，融入这个研究项目，展现的多是一种拉扎斯菲尔德所提及的不屑："阿多诺所表现出来的批判，就像他的反对意见：当前广播音乐的不足，并不可避免地为造成这些不足的原因辩解，结果是人们会更倾向于理解不足的合理性，而不会尝试去改善它们。阿多诺的报告让我们意识到，能否继续以这样的方式合作。他致力于发现音乐广播不足，甚至到了让

| 想象与错置：传播学史中的法兰克福学派 |

人怀疑是否有动力寻找方法来改善这些不足。"① 马歇尔的看法再次验证了美国商业机构对于学术的影响，学术不是最关心的目标，他们关心的是社会影响、有利于社会秩序和外部环境的经济利益。如果必须依赖学术才能完成这些目标，那么可以依赖研究项目。相反，如果研究成果无法达到雇主的目标，不能完成改善社会影响要求的话，委托方握有否决的最后决定权。

即便如此，拉扎斯菲尔德不断地写报告替阿多诺说好话，试图延长音乐项目的资助。当音乐项目最终被基金会取缔，"拉扎斯菲尔德不仅表达自己的遗憾——因为他坚信如果双方还能进一步努力是完全可以产生有价值的成果的——而且还把过错归于自己，认为'因为我在普林斯顿项目的不同部门承担任务，使得我没能为最初给阿多诺设定的目标投入必要的时间和精力'。而且拉扎斯菲尔德对这次合作的失败一直耿耿于怀，他一直不明白为什么在伯克利，阿多诺能够与心理学家们成功地进行合作并写作了《权威主义人格》这样的定量研究巨著。"②

但是，最终基金委没有顾忌这些，没有也不再延续着对阿多诺的包容与

---

① 参见 David E Morrison. *The Search for a Method*: *Focus Groups and the Development of Mass Communication Research*. Luton: University of Luton Press. 1998: 177—178.

② 胡翼青. 传播学科的奠定: 1922 ~ 1949 [M]. 北京: 中国大百科全书出版社. 2012: 106. 胡翼青认为拉扎斯菲尔德置自身于不顾而为延续音乐项目的研究努力争取，在这一点上就可以看出他是很讲义气的，也不乏眼光。笔者认为，拉扎斯菲尔德之所以这么做，不单单是为了阿多诺，也是出于自身利益考虑。一来是他向委托方承诺的预设目标无法完成，项目的终止也意味着资助的中止。当时，洛克菲勒基金所资助的金额占据了整个研究局运营经费的大半，他的研究局需要这笔资金；再者，是他邀请阿多诺赴美出任音乐研究项目的，倘若以这种形式结束合作，就表明他的眼光未必是正确的。当然，我们一定要看到拉扎斯菲尔德在研究方法层面的宽容度。执着于研究方法的他，对于不同研究方法的使用是极具包容性的。从他对阿多诺的态度，及之后与默顿、怀特·米尔斯、卡茨等的多次合作中，都可以充分看到这点。单就这点来说，批判学派与经验学派在研究方法层面的对立，经验学派一方的当事人拉扎斯菲尔德是不成立的。他从未表示过对批判研究方法的否定或是不满，反倒是充满了认可。

第三章　普林斯顿广播研究项目："二元对立"的发轫之地

期许。这也意味着，音乐研究项目结束了。即便没有完成拉扎斯菲尔德预设的研究计划，1938 年至 1940 年间，阿多诺在乔治·辛普森（George Simpson）的帮助下，完成了四篇音乐研究论文，但是这些当时都没有发表。这四篇论文分别是《论流行音乐》（On Popular Music），发表于《哲学和社会科研研究》（Studies in Philosophy and Social Science，1941。这是作为法兰克福社会研究所唯一的刊物，首次也是唯一一次使用英文刊发论文，其余都是保持传统，将德文作为刊物的使用语言）；《广播音乐的社会批评》（A Social Critique of Radio Music），后发表于《凯尼恩评论》（The Kenyon Review，1945）；《广播交响乐》（The Radio Symphony），发表于拉扎斯菲尔德与桑顿编撰的《1941 年广播研究》（Radio Research，1941）；最后一篇是从未发表的《NCB 音乐欣赏》（A Study of NCB's Music Appreciation Hour）。乔治·辛普森是阿多诺这四篇论文的合作者，对此阿多诺表现出了少有的认可，"辛普森促使他第一次试图用美国社会学的语言来表述研究。"[①] 这四篇文章中，《论流行音乐》是最为清晰和简明的，甚至被当时的《纽约先驱论坛报》（New York Herald Tribune）称赞。

尽管阿多诺在抵达美国之前，就知晓"垄断资本主义和庞大的企业巨无霸联合体是什么"[②]，但是当他真实地亲身体验后，才真正意识到标准化与工业化已多大程度上渗入了美国民众的日常文化生活之中，尤其是美国流行音乐方面。阿多诺在《论流行音乐》中开门见山提出"本文探讨的主题是与流行音乐有关的因素。而流行音乐与严肃音乐（serious music）的不同点也正是

[①] Theodor Adorno. Scientific Experiences of A European Scholar in America. in The Intellectual Migration: Europe and America, 1930—1960, edited by Donald Fleming and Bernard Bailyn. Cambridge: The Belknap Press of Harvard University Press. 1969: 351.

[②] Theodor Adorno. Scientific Experiences of A European Scholar in America. in The Intellectual Migration: Europe and America, 1930—1960, edited by Donald Fleming and Bernard Bailyn. Cambridge: The Belknap Press of Harvard University Press. 1969: 340.

被看作是前者最大的特征。如果想对严肃音乐与流行音乐的关系做出清晰的判断,只有严格地注意流行音乐最本质的特征:标准化。即使极力回避标准化,但是流行音乐的整体结构仍然标准化了"。①

阿多诺认为:"最标准化的规则是歌曲的合唱包括三十二小节,音域为一个八度和音和一个音符。热门歌曲的总体类型也标准化了。最重要的是,每首歌曲的基础部分——歌曲的开头和结尾部分——标准化的形式。无论形式包含的内容是什么,标准形式突出的是基础的部分。复杂的形式并不能带来理想的效果。这种做法保证无论形式再发生变化,歌曲总是能把人们带回到同样相似的感受,而新奇的别样的体验不会产生。结构与细节之间的关系是听众对细节的反应比对整体更强烈和明显。听众对音乐的理解并不是来源于细节。"阿多诺更是用贝多芬第七交响乐作为严肃音乐的结构与细节高度融合的例子,来凸显流行音乐的标准性。"严肃音乐的特征:每一细节的乐感都来自于每一首乐曲的整体,而这一整体中包含与细节的联系,却不包括对一种音乐模式的突出。例如贝多芬第七交响曲第一乐章的序曲中第二主旋律只能放在整体语境中才能获得真正的意义。只有通过整体,这一序曲才获取了特定的抒情表现力。但是与整体割裂后的第二主旋律不表现任何意义。"② 严肃音乐中结构与细节,也就是整体与部分之间的关系,是不存在于流行音乐中的。如果从整体中抽走细节,也不会影响听众对流行音乐的理解。既然整体结构本身只是个自动的音乐系统,听众也就能自行补充缺失的部分。

在阿多诺眼中,流行音乐中的每一个细节都是可以被取代的,它的作用

---

① T. W. Adorno. *On Popular Music. In Studies in Philosophy and Social Science*, published by The Institute of Social Research. (Vol. IX No. 1):17. 译文参考西奥多·阿多诺《论流行音乐》李强译.

② 参见 T. W. Adorno. *On Popular Music. In Studies in Philosophy and Social Science*, published by the Institute of Social Research. 1941(Vol. IX No. 1):17—19. 译文参考李强泽西奥多·阿多诺《论流行音乐》.

第三章 普林斯顿广播研究项目："二元对立"的发轫之地

只像是一部机器的齿轮。这种说法类似奥威尔《一九八四》的极权社会。社会是一台运转着的机器，而作为原子的个体，也是整部机器上的齿轮。阿多诺如此评价美国的流行音乐，和他对极权社会的警惕分不开。他没有简单地把文化现象作为简单的社会现状分析，而是认为这样的社会形态正是极权社会的缩影，而民众需要警觉，而非沉迷其中。

流行音乐标准化的目的是"获取标准的反应。聆听流行音乐不仅受到音乐的催化控制，也会被音乐的内在所控制，引入与个性相对抗的反应体系。这与简单和复杂无关。严肃音乐中每个音乐元素，即便再简单的元素，都是独立的个体。作品的组织性越强，细节的可替代性就越小。……在严肃音乐中不存在模式化和标准化。再简单的严肃音乐也需要背景才能明白，而不是模糊地按照标准化去概括和理解，模式化的规则只能产生模式化的效果。制造流行音乐正是一个标准化的过程"。[①] 流行音乐不仅不要求听众听懂音乐，而是提供模式。既然流行音乐如此标准化，那么听众为什么不但没有厌倦反而痴迷于此，这就是阿多诺提及流行音乐的另一个特征——伪个性化。

阿多诺强调伪个性化是音乐标准化的必然产物。因为伪个性化的存在，才能形成了文化产品的大量生产。虽然标准化可以让产品存在于市场之上，但是标准化的痕迹过于浓重，就无法体现不同之处，也无法吸引更多的群体。而个性化则可以改变这一问题。处于标准化之下的个性化，是伪个性化的表现。"伪个性化意味着在标准化的基础上赋予了大众可以自由选择和开放文化的假象。"[②] 流行音乐试图以伪个性化来消除那种似曾相识的感觉，从而形成

[①] T. W. Adorno. *On Popular Music. In Studies in Philosophy and Social Science*, published by the Institute of Social Research. 1941（Vol. IX No. 1）: 22. 译文参考李强泽西奥多·阿多诺《论流行音乐》.

[②] T. W. Adorno. *On Popular Music. In Studies in Philosophy and Social Science*, published by the Institute of Social Research. 1941（Vol. IX No. 1）: 25. 译文参考李强泽西奥多·阿多诺《论流行音乐》.

具有个性化的假象。但本质上，这类音乐内含中并不存在这些个性化。

阿多诺把流行音乐和听众结合起来，从听众的角度分析流行音乐的控制。他认为，囿于流行音乐内在的另一种属性——商业娱乐性，使听众无须全神贯注地去欣赏音乐，就可以不费力地去聆听音乐。而听众这么做，是出自逃避现实生活和缓解压力的状况。但是如此一来，他们的空闲时间成了工作的延续，成为日常工作的一种延长。同时，阿多诺强调了流行音乐的社会功能属性——社会黏合。他把音乐大致分成了两个类型：节奏型（rhythmically obedient type）和情感型（emotional type）。① 前者是指听众能够在不受"个性化"影响下，进入既定的节奏模式。这样的行为，使他们对音乐的反应，成了屈服的状态。而阿多诺认为对流行音乐的屈服与现实生活中人们对现实生活及理想的屈服是相同的。而情感型音乐则指相对煽情的电影音乐，促使人们意识到理想的幻灭，并宣泄情感。而这种宣泄方式保证了人们思想的统一，固守已有的社会秩序。流行音乐，使得原本思想应独立的人们放弃了理想，屈服于现实，造成了群体性的思想统一，成为被统治者。

阿多诺在普林斯顿广播研究的成果几乎都是类似《论流行音乐》的内

---

① 参见 T. W. Adorno. *On Popular Music. In Studies in Philosophy and Social Science*, published by the Institute of Social Research. 1941（Vol. IX No. 1）：37—41. 阿多诺认为欣赏严肃音乐是一个有艺术经验的听者全神贯注的过程。而这类人往往不存在生活压力，有着大把的闲暇时间，而欣赏严肃音乐正是使得当事人从一种无聊的状态中解脱出来的方式。但是在当时美国的社会环境下，绝大多数听众却不具备这样的条件。他们对于音乐的要求是可以缓解他们的现实压力，逃避现实社会。这在阿多诺看来，原本是目的的休息，成为手段，是为了延续他们的工作能力和面对现实生活而进行。阿多诺认为假若一段音乐只具备一些个别的、突然的可识别节奏，这段音乐就算是不具备一个整体性，前后并不连贯性的连续结构，那么听众又是如何理解与接受这样片段式、无区分性的材料呢？他认为在这种情况下，音乐的自主性已经被一种社会心理功能所取代，听众会自发地将这些材料中所产生的意义转换成他们认为可以达到适应当下社会生活机制的一种方式。阿多诺根据听众对这类音乐的两种社会心理类型，而划分出两种类型。

第三章 普林斯顿广播研究项目："二元对立"的发轫之地

容。阿多诺的逻辑先行，已使研究方法即形式不再重要。阿多诺看来，较之严肃音乐，流行音乐的标准化生产、伪个性化的特质，决定了听众只能屈服与接受。阿多诺认为，改变音乐的内容，把标准化和模式化的文化枷锁移走，才能有可能让民众以不同的眼光看待现实社会。音乐应有能力打破先入为主的方式。阿多诺批判的不仅是美国流行音乐在内的大众文化，还有其背后的系统制度。这样的批判对象及内容方式，是美国商业机构无法接受与容忍的。作为提供资金资助研究的委托方，也是制度受益者，怎么会同意其研究成果来颠覆其所依赖的社会体系。

同时，阿多诺在研究流行音乐时所使用的文本分析，代替了研究局希望的实证考察。这种依据文本而无视听众效果反馈的方式，成为持不同意见的学者批判的切入点。根据洛克菲勒基金所的广播研究项目档案，杰弗里·戈德的意见代表了一大部分异议者。他认为阿多诺对于流行音乐的评论与看法，是建立在无视具有辨别鉴赏能力的公众会对广播音乐反应的基础之上。戈德认为："他一直在假设。其他不被需要的收听形式全然是一个依赖于广播传输的现代现象，而这里暗含的假设是在最近这些年以前，所有的音乐听众都带着阿多诺所认可的强烈的感受和理解力在收听音乐。……尽管过去有较少的人能够听到音乐，我却找不到任何统计上的证据来表明，过去的人们在听音乐时会产生比现在的人们更为深刻的共鸣……因此，关于收听行为退化的任何论点好像都建立于未被证明的假设之上，那就是早先的收听更具有精深透

| 想象与错置：传播学史中的法兰克福学派 |

彻的特征。① 我不知道任何这方面的特征。……总的来说，我认为阿多诺博士展示了一些非常有趣的假设，也许通过将来的研究能得到证实。我却不认为他在证实或者论证他的社会批判的诠释方法上获得了成功。一直以来，我总是坚持，在任何社会状况下，既了解刺激物，又了解反应是必要也是必然的。作为对普林斯顿广播研究项目偏差的校正，对刺激物进行分析是有好处的。但是只有当它和具体的反应进行比照的时候才能凸显出价值和意义。"② 阿多诺的回应是如此干脆利落：

> 如果实际上，就像在《论流行音乐》中所写的，从客观内容中得出的并不完全偏离它想要听众有意识和无意识的认知，否则流行音乐就几乎不可能流行了。③

阿多诺的回应极其聪慧，显然，他意识到了研究受众的必要性，但是却又提出了新的质疑，受众反应就真显得那么必要么？因为阿多诺立论的前提是，即便音乐结构已经通过听众对它的流行性有所反馈，做出了刺激和回应。即便不知道这些流行音乐是如何被听众所接收的，但结果是这些音乐已被大

---

① 其实戈德这一观点是极易被反驳的。他强调阿多诺没有任何证据证明当下的听众对于广播中的流行音乐反馈能力低于以往听众收听音乐的能力。这也恰恰是阿多诺之前一直强调的广播中的音乐形式，一种流行音乐的结构，也使得听众无须调动自身的能力去倾听。表面上是听众能力的退化，其实阿多诺早已指出这些退化的原因是由于广播播放的流行音乐结构生产的标准化与伪个性化所决定的。而在这些社会结构所产生的变因面前，听众个人的能力是微不足道的。再者，阿多诺认为流行音乐在美国的流行，已经证明了听众对此的认知与反应，否则流行音乐也不会如此流行了。

② 大卫·莫里森. 寻找方法：焦点小组和大众传播研究的发展 [M]. 北京：新华出版社. 2004：183—184.

③ Theodor Adorno. Scientific Experiences of A European Scholar in America. in *The Intellectual Migration：Europe and America*, 1930—1960, edited by Donald Fleming and Bernard Bailyn. Cambridge：The Belknap Press of Harvard University Press. 1969：353. 但是马丁·杰伊在看到阿多诺1969年这段回忆文字后，认为相比广播音乐研究时期的阿多诺，在经历权威人格研究后，"在这十年间，他对于抓住客观精神而非测量对它的反应的强调已经减弱了很多。"

| 第三章　普林斯顿广播研究项目:"二元对立"的发轫之地 |

量的听众频繁地收听并流行。即便不知道流行音乐对听众的意义，却能看到它得到了听众的喜爱。因此，无论是否采用受众效果研究，对阿多诺的研究都不会产生影响。

从普林斯顿广播研究项目投资方的角度来看，阿多诺的研究成果对他们而言，几乎没有什么使用价值，但是阿多诺的研究成果还是影响了拉扎斯菲尔德。后来拉扎斯菲尔德和默顿的焦点小组作为一种研究方法，正是基于对阿多诺在音乐广播项目研究的基础之上。在他们看来，阿多诺过于注重文本自身的意义，而无法把握住文本在人们日常生活中所起到的作用。拉扎斯菲尔德和默顿所做的正是借助文本，把文本和对人们的影响结合起来研究。

综上所述，阿多诺和拉扎斯菲尔德在广播研究项目上合作失败的原因，既存在着偶然性因素，也存在着必然性因素。必然性因素是商业利益和学术之间的博弈。作为研究项目的资金投资方，所希望的项目研究成果是具备良好的社会影响、有利于社会秩序、外部环境以及相应的改良方案，而成果是否学术化，则不是他们要考虑的因素。这种对策性的研究，并非为阿多诺所擅长。更关键的是，阿多诺不会屈服于这类研究。研究项目的委托方握有最终决策权，所以当阿多诺的研究成果一再不能达到他们的要求时，他们否定了阿多诺。阿多诺刻薄、好斗的性格，以及他极高的音乐素养，也是导致此次广播研究项目合作失败的偶然性因素。如果换成法兰克福社会研究所其他成员，或许人事关系会好些；如果没有那么专业的音乐素养，那么或许不会对流行音乐和爵士乐有如此的抵触和不屑；如果有着拉扎斯菲尔德似的妥协精神，那么研究不会被委托方否定。上述都只是假设，即便成立，项目的合作未必一定成功，但是阿多诺的这些经历和性格，多少也影响了此次合作。我们不能忽视阿多诺和拉扎斯菲尔德两人在研究方法层面的确存在着偏好，但是这种偏好绝不是导致此次合作失败的关键原因。因此，那种"法兰克福

143

| 想象与错置：传播学史中的法兰克福学派 |

学派被看作是批判学派的开端而成为美国传播学主流研究范式的对立面。而具体到个人，则是阿多诺和拉扎斯菲尔德在广播研究项目上合作的失败"的说法，几乎是站不住脚的。

第四章 哈贝马斯：法兰克福学派的一次转向

"事实上，将我所谓的新一代法兰克福学派的学者同威廉·詹姆斯和查尔斯·皮尔斯的美国实用主义进行比较，是很有意思的。"① 美国哲学家希拉里·普特南（Hilary Putnam）所指的新一代法兰克福学派不仅是传统意义上的法兰克福学派第二代人物哈贝马斯，还包括在法兰克福大学任教的阿佩尔。有学者认为，新一代法兰克福学派所涵盖的范围更为广泛，还包括阿尔弗雷德·施密特（Alred Schmidt）、韦尔默尔（Albrecht Wellmer）、法兰克福学派的第三代人物霍耐特（Axel Honneth）、美国的托马斯·麦卡锡（Thomas McCarthy）、马丁·杰伊（Martin Jay），等等。② 这样的归类，未必没有道理。但此时的法兰克福学派，已经与霍克海默、阿多诺他们当时的法兰克福学派大相径庭了。霍克海默、阿多诺等第一代学派的学者多少都服务过法兰克福社会研究所，少数边缘学者也是与霍克海默等人保持着学术联系。一个实体的欧洲学术机构，是法兰克福学派产生的基础。而新法兰克福学派，已经跨越了地域的局限，学者的组成也更加丰富。当然，若是以传统意义上的法兰

---

① Giovanna Borradori. *The American Philosopher: Conversations with Quine, Davison, Putnam, Nozick, Danto, Rorty, Cavell, MacIntyre, and Kuhn*, translated by Rosanna Crocito, Chicago: The University of Chicago Press. 1994：61. 转引自童世骏. 批判与实践：新法兰克福学派对美国实用主义的兴趣 [J]. 华东师范大学学报（哲学社会科学版）. 2009，第 5 期：125.

② 参见童世骏. 批判与实践：新法兰克福学派对美国实用主义的兴趣 [J]. 华东师范大学学报（哲学社会科学版）. 2009，第 5 期：125—126.

想象与错置：传播学史中的法兰克福学派

克福学派的定义来审视新一代的话，一些学者未必名副其实，毕竟他们的研究更多的是富有法兰克福学派似的批判色彩，而这些研究已经跟霍克海默、阿多诺早期所制定的法兰克福社会研究所的发展规划没有太多的关联。

20世纪70年代前后，随着阿多诺和霍克海默——法兰克福社会研究所前后两任所长的去世，某种程度上意味着法兰克福学派的终结。普特南代表了一部分学者的看法。"阿多诺的去世代表了批判理论的终点，无论批判理论是多么不统一，但它都汇集在社会研究所这个载体之下，汇集在一种反资产阶级情绪和批判社会的使命之下。在阿多诺去世后两三年内，研究所的年轻成员纷纷离开法兰克福，凸显出阿多诺去世所造成的断裂影响。"① 普特南用"新"一字来描述以哈贝马斯作为代表的第二代法兰克福学派，也是对之前的法兰克福学派的一种告别。德国传统学术教育出身的哈贝马斯，为何会与老师们存在着如此大的差异？笔者在前几章节论述了法兰克福学派进入美国社会科学领域大致是20世纪70年代中后期，引起传播研究领域的关注已是

---

① Rolf Wiggershaus. *The Frankfurt School: Its History, Theories, and Political Significance.* translated by Michael Robertson. The MIT Press. 1994：654. 哈贝马斯在1971年写给霍克海默的信中，亦表达了类似的观点："阿多诺去世后，这里发生了多大的变化，就不用我说了。我去斯塔恩贝格有两个方面的原因：一方面，那儿对我来说，有着非常多的研究机会。在那儿，我可以提供15个研究职位，并且可以在相当宽泛的财政限度内自由选择要承担的研究计划。与此相比，在法兰克福，我根本没有这样的机会，让自己愿意一起工作的助手加入研究所一起工作。另一方面，是社会学系不久要开始承担对教师、律师等的基础培训。如果我还待在这里的话，我就不得不把自己的全部精力投入到这项工作中去。"哈贝马斯也在那时，选择去离慕尼黑更近的斯塔恩贝格，完成他有关跨学科的理论观念建设。唯一选择留下的人，是阿尔弗雷德·施密特。哈贝马斯对阿多诺是极为真诚和尊敬的。他在阿多诺60岁生日的时候，如此赞美道：在他经历的所有机构里，他都是一个边缘人或陌生人，尽管这并非他的主动选择；在他所工作的机构大学里，即便他不被怀疑，他的非凡也使得他难以被同事理解和欣赏；而在哲学层面，即便我们可以读懂他的原话，也不见到可以原原本本地理解他的真知灼见。这种赞扬，与哈贝马斯初次见到阿多诺时的感觉一致。即便哈贝马斯离开法兰克福，但他仍与阿多诺保持着远距离的合作关系，直至他重返法兰克福。

| 第四章　哈贝马斯：法兰克福学派的一次转向 |

80年代，此时传统意义的法兰克福学派已衰落，而作为法兰克福学派第二代领军人物的哈贝马斯频频推出不同于以往批判理论研究的著作。从法兰克福学派内部来说，这两代学者选择了截然不同的研究道路，其自身是差异性大于同一性的团体，无法构成一元。这样的话，美国主流范式所树立的对立研究范式——批判研究——到底是指霍克海默、阿多诺这些第一代学者的研究，还是包涵着哈贝马斯这些第二代学者的研究呢？从文献上看，他们所指的多半是前者。那又有了一个新的问题，美国传播研究者们为何会只选择了前者，而忽略哈贝马斯呢？因为从时间角度来看，哈贝马斯引起美国知识界的关注，不晚于霍克海默和阿多诺被美国学者关注的时间。那为何美国学者会对哈贝马斯视而不见呢？答案显而易见，若是只以霍克海默、阿多诺的研究为代表的话，美国学者所选择的对象会有更大的说服力。那为何忽略哈贝马斯，会有更大的说服力呢？这是笔者在本章要回答的问题。简而言之，哈贝马斯的研究取向，是更为接近美国实用主义哲学，而非霍克海默和阿多诺的传统社会批判理论。所以，也有了普特南等美国学者比较新一代法兰克福学派与美国实用主义之间的研究。遮蔽哈贝马斯，会显得法兰克福学派的研究跟美国传播研究更为对立。美国传播研究者如此刻意地遮蔽与凸显，恰恰说明了所谓传播研究范式的二元对立是想象建构出来的。

第一节　哈贝马斯：激进的学术改良主义者

要说最早发现哈贝马斯的思想中具有不同于以往德国传统社会批判研究的"反骨"的人，正是时任法兰克福社会研究所所长的霍克海默。

1956年2月，哈贝马斯在取得博士学位大约两年之后，正式加入法兰克

| 想象与错置：传播学史中的法兰克福学派 |

福社会研究所，成为阿多诺的研究助手。哈贝马斯的到来，让阿多诺万分高兴。哈贝马斯和阿多诺在首次见面之际，就有了相见恨晚、惺惺相惜的感觉。哈贝马斯身上最吸引阿多诺的是他的写作才华。① 因为阿多诺对当时社会研究所众多研究助手都缺乏这一才能，多次表示遗憾和无奈；除此之外，此时的哈贝马斯通过对海德格尔的批判，在德国知识界崭露头角。更重要的是，他跟阿多诺在许多研究问题上持有相同的批判态度，如对海德格尔的态度等。哈贝马斯对能进入法兰克福社会研究所也是满怀欣喜。他回忆道：

  从个人学术发展来说，社会研究所使得我的研究进入了一个新阶段。虽然阿多诺和我所面对的问题，都是非常熟悉的问题。法兰克福社会研究所一直处于思考的状态。……阿多诺已是知识界的名人，一个思想超前的知识分子。初次见面时，他给我的第一印象是无法忘记他。②

即便如此，哈贝马斯还是能够清醒地认识到法兰克福社会研究所存在的现实问题，他认为法兰克福社会研究所作为一个批判理论研究的重镇，但是却没有建构起完整的社会理论或哲学理论，以至于整个研究所的研究无法在一套系统的批判理论指导下展开。而这正是霍克海默刻意而为之，他和阿多诺有意识地不去建构一个理论，也在政治层面上去淡化社会研究所的社会批判研究。不仅在有关社会研究所的研究发展这一层面，还有哈贝马斯个人的哲学理念，跟霍克海默所倡导的哲学理念、研究所的发展规划都存在着较大的分歧。

哈贝马斯起草的《大学生与政治》一文，是点燃霍克海默不满的一根导火索。《大学生与政治》是哈贝马斯作为研究所成员完成的第一个研究成果，

---

① 哈贝马斯出色的写作能力，恰恰被霍克海默认为他更适合去做一个专门写作的人，即所谓的写手，而非当一名学者。

② Jurgen Habermas. *Dual - Layered Time: Personal Notes on Philosopher Theodor W. Adorno in the '50s. Logos*2.4，2003，Fall.

第四章 哈贝马斯：法兰克福学派的一次转向

亦是研究所"大学与社会问题"调查项目的导论。此研究项目是继对魏玛共和国工人阶级调查研究、"权威与家庭研究"，以及"权威主义人格"后的又一个大型经验研究，也是霍克海默为重建社会研究所而开展的较为重要的经验研究项目。

在这里插上一段有关当时社会研究所重建的背景，霍克海默在财政上不再独立的情况下，为了重建社会研究所而不得不承担一些商业研究项目。霍克海默为了赢得赞助经费，他给商业机构的介绍信中，把社会研究所描绘成一个"不但能提供先进的社会学研究路线，还能将'德国社会哲学和人文学科传统的扩展'与'现代美国社会学提供的最先进的经验研究方法'结合起来，而且为国家紧迫问题提供学术建议的中心"。[①] 魏格豪斯评价说："这正是拉扎斯菲尔德所采用的策略，即利用研究合同，甚至是商业合同，为社会研究所的发展提供机会。而且研究计划不能出现不必要的麻烦，否则的话，研究合同就会被取消。"[②] 有一个小插曲，为了赢得一笔可观的赞助经费，阿多诺不得不和油漆制造商合作。但是在第一次会面中，阿多诺就给对方一个下马威，阐述了他设定的项目计划和研究方法，赞助商随即放弃了此次合作，直言阿多诺的研究根本无法取得他们要的效果。

从上述霍克海默和阿多诺在重建研究所的经历中大致可以看出，一旦研究机构缺少独立的经费后，他们就不得不承接商业机构的合作项目，以此换来机构的重建，这样的举措和承担商业研究项目的内容，都跟拉扎斯菲尔德在哥伦比亚大学的研究项目并无本质区别。这再次证明，过分强调或夸大霍克海默和阿多诺对拉扎斯菲尔德研究项目的不屑，形成双方在研究方法或其

[①] 罗尔夫·魏格豪斯. 法兰克福学派：历史、理论及政治影响[M]. 上海：世纪出版集团上海人民出版社. 2010：576.
[②] 罗尔夫·魏格豪斯. 法兰克福学派：历史、理论及政治影响[M]. 上海：世纪出版集团上海人民出版社. 2010：576.

| 想象与错置：传播学史中的法兰克福学派 |

他层面的二元对立的看法，多少有点夸张。再者，阿多诺与美方研究人员相处得并不愉快，主要是由阿多诺个性、为人处事，以及他的学术态度等原因所造成。即便阿多诺回到德国，他照旧会跟身边研究人员、商业机构委派的工作人员发生类似的不愉快的合作经历。

回到《大学生与政治》上，它作为一项经验研究的成果，将定量分析和定性分析结合的方式展开。调研对象随机从法兰克福大学1957年夏季入学的7000多名大学生中选取171人。① 访谈是在研究所大楼进行的，每次访谈平均两个半小时，目的是推断大学生的民主潜能。相比于《权威主义人格》隐藏了反资本主义的标准，《大学生与政治》中民主概念的内容，更为大胆和突出。

根据访谈内容，哈贝马斯起草报告。在文章中，哈贝马斯表达了"在影

---

① 这项对于大学生的研究所运用的标准的严格性，还是有用的。与通常的民意测验不同，这项研究试图在那些将会成为未来精英的后备军中测定民主潜能的范围。对研究材料的解释分三阶段进行：测定主体最基本的主动参政愿望；测定主体对政治制度的态度；进而测定意识形态母体的表现及特征。每个问题的涉及，都是"事先依据社会心理学机制充分考虑到想象的客观情景，考虑到主体可能产生的反应而得出的"。研究得出的结论是："依照这些调查来看，在各方面都是较弱的群体总是决绝地、明确地通过恰当的手段来捍卫危机之中的民主，但这个群体又会受制于如下事实：与具有权威主义潜能的群体相比，这一群体随后会在更大程度上被限制在由纯粹公民角色提供的适度的回旋空间之中。"由于样本数只有171名被访谈对象，这种小规模的取样，就显得表格中的百分比数字掩盖了一些微不足道的实数。因此在1959年夏天，研究所又整补了一次访谈，对550名大学生进行了访谈。这项补充研究也确证了之前有关主体研究方面的结论是具有代表性的。可参见罗尔夫·魏格豪斯.法兰克福学派：历史、理论及政治影响［M］. 上海：世纪出版集团上海人民出版社.2010：721—727. 这项访谈调查项目，无论是研究方法的操作层面，还是样本取样等层面，我们可以看到，法兰克福社会研究所进行的经验研究，与当时大洋彼岸的美国就二战问题所展开的一系列经验研究，有着一定的相似性，存在较大差异的则是他们对于研究问题的选择，法兰克福社会研究所不大会以传播效果作为研究主题，更多的是有关民主、国家制度等更为宏大的选题，这也决定了最后的研究报告所得出的结论也更为宏观，更具思辨性。这样的研究报告很难讨一般商业机构的欢心。但在方法层面，自美国返回法兰克福后，霍克海默、阿多诺对经验研究在德国范围内的使用，则显得更为频繁。

第四章　哈贝马斯：法兰克福学派的一次转向

响政治的机会的分配方面，法律保障的平等与实际的不平等之间原来就存在的不对称状况相应地加剧了，以至于国家与社会之间的区分甚至也消失了，社会权力变成了直接的政治权力。这同一过程还产生了一种后果，即此过程本身在人们的头脑中愈益不重要、愈益不清楚。……但这样的社会却日益将它的公民职能化，使他们服务于各种公共目的，但又在他们的意识中把这些目标私人化"。①

哈贝马斯认为，在当下的制度下，民众是没有途径来表达自己对于事务的意愿的。选举已成了竞选活动招徕顾客的商业行径，无效性显露无遗。为此，他提出民主理念，是在合法的国家权力之下，由全体公民自由而明确的一致同意而赋予的。哈贝马斯认为民主应视为一个由富有责任感的公民构成的社会，并把权力转化为理性权威的过程，因此他试图用自下而上的参与性民主，替代传统的自上而下的操纵性民主。这样的民主过程可以实现全民参与，也可根除经济的不平等，消除参政机会的不平等。

不过，哈贝马斯这番说辞，被霍克海默认为是荒诞之谈。后者认为以参与性民主取代了操纵性民主的话，只能会受专政以柄，引发暴力革命。霍克海默反击："'革命'这一词语，或许在你的影响下，已经被'将形式民主发展成实质民主、自由民主发展成社会民主'所替换；但是，就普通读者的想象而言，几乎不可能通过民主方式来理解这种假定的可以在这个过程当中发挥政治影响的'潜能'。这样一个'被自由宪法钳制在资产阶级社会枷锁中的'民族，怎样才能在不借助暴力的情况下转变所谓的政治社会呢？在哈贝马斯看来转变时机早就成熟了？绝对不允许研究所出现这类报告——研究所

---

① 罗尔夫·魏格豪斯. 法兰克福学派：历史、理论及政治影响[M]. 上海：世纪出版集团上海人民出版社. 2010：722—723.

就是靠这个设枷锁的社会所提供的公共基金来生存的。"① 哈贝马斯深受阿多诺的赏识，却被霍克海默认为过于激进。也许是功成名就的霍克海默无法接受一名表面看似激进的自由主义思想者。

霍克海默彻底被激怒，坚决要驱逐哈贝马斯出社会研究所的是因1957年哈贝马斯的《关于马克思以及马克思主义的哲学讨论》一文。哈贝马斯指出当时欧洲，尤其是联邦德国对马克思主义哲学的研究存在着两种不同的研究倾向：一种是把马克思主义当作"政治现实"，从而把马克思主义"意识形态化"；另一种就是把马克思主义当作改变现实的"政治理论"，就此把马克思主义"理论化"。哈贝马斯看来，无论是"意识形态化"还是"理论化"的研究倾向，都多少地忽视或否定了马克思主义的实践意义，这是一种错误。

哈贝马斯如此的表述，实在是让霍克海默忍无可忍，哈贝马斯的批评直指联邦德国包括法兰克福社会研究所在内的战后马克思主义研究。自20世纪50年代初重返联邦德国后，霍克海默小心翼翼地经营着他的研究所，不希望将研究所的理论使命转化为政治使命或革命使命，因此也一直努力在政治层面淡化研究所的社会批判研究。霍克海默认为哈贝马斯的言论不仅是对研究所的不负责，而且也是对他的挑战。这在之前是从未发生过的。1958年9月，休假中的霍克海默给代理所长阿多诺写了一封长信，批评他的学术助手哈贝马斯，强调如果任其发展下去，不但对哈贝马斯的学术发展不利，还会危及整个社会研究所的思想认同和政治立场。

泰蒂：

我曾多次说过，要对哈贝马斯发表在《哲学评论》杂志上的文章说上几句。这篇文章有力地证明了研究所内部正在发生变化。……现在我

---

① 罗尔夫·魏格豪斯. 法兰克福学派：历史、理论及政治影响 [M]. 上海：世纪出版集团上海人民出版社. 2010：728.

第四章 哈贝马斯：法兰克福学派的一次转向

又细致地读了一遍，更加觉得我自己的判断是正确的。一个聪明人不断强调自己在精神上是多么的超越，说他设法找到了研究所，并且指出，在这里待了很长时间——大概有一年多了吧？自己对于社会现实的经验可能都不见得会有增长，也不见得会理智地去思考当代现实，在这里只要满足于阅读，耍耍小聪明，参加一些哲学讨论会，就足够了。哈贝马斯在这篇文章中引以为榜样的是马克思的早年著作，对您以及我们共同思想的理解却是支离破碎的，并勇敢地提出了他的尖锐批评⋯⋯

哈贝马斯把哲学看得和社会学一样有力量。马克思在他那里像个稻草人，因为在马克思的思想中"不应该有精神科学问题"。马克思不应该堕落为一位"经典作家"，因此，哈贝马斯从马克思那里继承过来的规范就成了"适用于经验研究"的福音书。哈贝马斯教导说，必须予以克服的是纯粹的哲学，包括知识学。他强调认为，"哲学必须自我扬弃，并在实践中付诸实现"，他还指出，哲学"并不是它所要求的那样，能够实现人的解放"。可是，按照他所说的去做，我们也并不能从哲学当中脱身出来。

哈贝马斯所说的非纯粹的"实践—政治哲学"究竟是什么样的呢？如他所言，这种哲学依赖的是"不确定性"，"这种不确定性源于理论与实践之间无可避免的紧张，只有通过哲学作为哲学的自我扬弃，不确定性才能消失"。哈贝马斯要么是没拿不确定性当一回事，因为他实际上早就知道了克服这种紧张关系的方法。也就是说，通过纯粹哲学之外的实践—政治哲学，事实上不过是一种夸张的唯心主义罢了。

可现在，哈贝马斯就在我们社会研究所就职，我非常希望这些助手们能拿出最低的责任感来，哪怕是他们在杂志上发表我们无法干预的文章，也应当如此。哈贝马斯关注的核心是马克思的理论和实践。早在纳粹执政期间，我们就已经清楚地认识到，靠革命来拯救是行不通的。哈

| 想象与错置：传播学史中的法兰克福学派 |

贝马斯声称，革命在今天仍有现实意义，他丝毫也不顾及由此会带来的后果，而且他还批评马克思没有"公开承认"这一点。哈贝马斯是一个十分活跃的人，他的确跟我们，特别是跟您学到了不少的东西，但他就是没有学会处理与社会经验有关的东西。……或许，他做个作家专门从事写作，将来会更有前途一些，否则他会给社会研究所带来无可估量的损失。让我们携起手来，共同来对付目前的局面，促使他到别的地方去扬弃和实现他的哲学。①

霍克海默对哈贝马斯的不满可算溢于言表，在列举哈贝马斯观点的种种不妥时，甚至忍不住挖苦和讽刺。最后，阿多诺也按照霍克海默的盼咐，提醒了哈贝马斯。但是哈贝马斯似乎没领情，在霍克海默所认为的"歧途"上越走越远。② 为此，哈贝马斯不得不离开法兰克福。在霍克海默看来，马尔库塞和哈贝马斯都过于激进，不适合成为研究所的成员。霍克海默的看法未必全对，与马尔库塞相比，哈贝马斯不算激进。从哈贝马斯对待60年代新左派运动、德国学生运动的态度就可见一斑，他公开表示对学生激进行为的失望，甚至认为这是左翼法兰西主义行径。在这点上，哈贝马斯跟霍克海默、阿多诺的态度是一致的，可见他并没有霍克海默所说的那么激进。同时也可

---

① 此封霍克海默写给阿多诺的信件内容，引自曹卫东. 权力的他者 [M]. 上海：上海教育出版社. 2004：23—25，也可见于其另一著作之中：曹卫东. 学术造反与制度紧张 [J]. 读书. 2001. 1：52—54.

② 曹卫东直接把1958年至1959年间，霍克海默和哈贝马斯之间的学术冲突看成是一种学术造反，但他也直言哈贝马斯的"学术造反举动并没有像霍克海默痛斥的那样，给法兰克福学派的思想认同和政治立场造成毁灭性的破坏，反而在一定程度上加强了学派的认同和凝聚力，促进了两代人之间的学术传承。霍克海默本人后来大概也意识到了这一点，否则他不会那么爽快地把自己的教授职位传让给哈贝马斯。有学者曾形象地指出，这次学术造反举动是'俄狄浦斯情结'在哈贝马斯身上起作用的结果。哈贝马斯对霍克海默的反叛，实际上是一种'学术弑父行为'。这种说法虽有牵强，但也不无幽默，并道出了其中的一些真义"。参见于曹卫东. 学术造反与制度紧张 [J]. 读书. 2001. 1：56—58.

第四章 哈贝马斯：法兰克福学派的一次转向

以从哈贝马斯对学生运动态度的转变看出，哈贝马斯的态度是一种调和或者改良的态度，而不像学派第一代学者那样的一条路走到底。或许他这种调和、改良式的风格，使得他更容易讨美国学者的欢心。

"哈贝马斯的起点与其说是一个法兰克福学派式的议题，不如说是一个美国实用主义政治学的议题。哈贝马斯的观点与其说是激进的暴力革命思想，不如说就是杜威的激进民主思想。"[①] 在哈贝马斯身上，的确存在不同于以往学派第一代学者的学术研究立场。美国实用主义哲学，尤其是杜威、米德的实用主义哲学观点影响了哈贝马斯，但就此说此时才30岁的哈贝马斯已深受杜威等美国实用主义的影响，稍显有点为时过早了。在哈贝马斯首次出走法兰克福社会研究所之前的这段日子里，也就是1953—1961年间，他的主要研究成果有《大学生与政治》、博士论文《绝对与历史：论谢林思想的歧异性》以及《公共领域的结构转型》，等等。虽然《公共领域的结构转型》一书后来为他赢得了全球性的美誉，但是当时尚未引起过多的关注，反倒是哈贝马斯对于"海德格尔事件"的批判及态度，是他最大的关注点。再者，回看哈贝马斯60年代开始撰写的《认识与兴趣》《理论与实践》等著作时，就能发现他在社会研究所的那段日子里，虽然对于参与性民主，有了初步构想，但是他的研究还是较为遵从研究所的要求，偏重于社会调查和历史研究。60年代末期开始，哈贝马斯更为彻底地直接展露他的学术观点和立场，与当时几乎所有的理论家，如迦达默尔、福柯、布尔迪厄、波普尔、德里达等，都展开过学术论战。相比之下，1959年时的哈贝马斯，无论在学术观点的表达，还是学术合作的态度等方面都更为温和。

[①] 胡翼青，解佳. 哈贝马斯批判：基于交往行动理论的反思 [J]. 中国地质大学学报（社会科学版）.2009，第5期：98.

第二节　工具理性转向交流理性的意图

哈贝马斯出走法兰克福社会研究所不仅有被迫的因素，也跟他主动的想法有关。哈贝马斯之所以会产生这样的想法，正是跟那项使他名声大振的研究——对资产阶级公共领域结构和功能变化的研究，即《公共领域的结构转型》有关。哈贝马斯原本希望以这项研究获取法兰克福大学的授课资格。但是霍克海默拒绝了这一选题，执意让他做另一个可能会耗时三年的研究选题。对此，哈贝马斯不得不选择离开。霍克海默因而也实现了他的目的："他（哈贝马斯）面前或许有一个好的，甚至灿烂的著述事业，但是他只会给研究所造成极大的损害。"[1] 哈贝马斯选择了马堡大学沃尔夫冈·阿本德洛特教授作为博士后资格论文的指导老师。

1961年，哈贝马斯凭借《公共领域的结构转型》取得了马堡大学的讲师资格。此后不久，当时海德堡大学最负盛名的哲学教授伽达默尔极力推荐哈贝马斯出任海德堡大学空缺的哲学教授一职。他坚信，即便哈贝马斯尚未取得博士后资格，但他将会是一个好教师和学者。鉴于伽达默尔的坚持，年仅33岁的哈贝马斯力压更有名气的阿佩尔，出任海德堡大学哲学教授。哈贝马斯的被迫离开法兰克福社会研究所，反倒促成他得到了一个千载难逢的学术平台。

哈贝马斯关注研究公共领域，被认为是跟战后德国的时代背景以及他的

---

[1] 罗尔夫·魏格豪斯.法兰克福学派：历史、理论及政治影响 [M].上海：上海人民出版社.2010：730.

| 第四章　哈贝马斯：法兰克福学派的一次转向 |

成长经历有关。这跟最先提出公共领域这一概念的汉娜·阿伦特有点类似。阿伦特正是在1951年所写的《极权主义的起源》中首次将公共领域和纳粹德国时期的极权主义相联系。从《公共领域的结构转型》一书中，依稀可见阿伦特对哈贝马斯的影响。但是纵观全书，还是法兰克福学派的批判理论，尤其是阿多诺对哈贝马斯影响最为深远。

哈贝马斯在《公共领域的结构转型》中对公共领域的理解是基于社会历史的视角之上，把它分为古希腊时期、欧洲中世纪和近代资产阶级三个阶段。哈贝马斯把这三个时期公共领域的论述作为他对资产阶级公共领域思考的起源。哈贝马斯认为，在高度发达的希腊城邦里，共有的公共领域和每个人所特有的私有领域之间泾渭分明。公共生活在广场上进行，但不固定，公共领域既建立在对谈之上，又建立在共同活动之上。只有公共领域中出现的一切，才能让所有人看得真真切切。公民相互之间进行对谈，从而把事物表达出来，并使之形象化；人通过争论，才能把最好的衬托出来，使之个性鲜明——这就是名誉的永恒性。① 公共领域为个体提供空间，公民之间平等交往，但是每个人都力图突出自己。亚里士多德所制定的一系列德行只有在公共领域当中才能被证明有效，并得到广泛承认。

而在欧洲中世纪，"公"和"私"在罗马法里虽然对立，但没有约束力。但是，"从社会学来看，也就是说，作为制度范畴，公共领域作为一个和私人领域相分离的特殊领域，在中世纪中期的封建社会中是不存在的。尽管如此，封建制度的个别特征，如君主印玺等具有'公共性'也并非偶然。这种代表型公共领域不是一个社会领域，作为一个公共领域，它毋宁说是一种地位的标志。……它不是一个政治交往的领域。作为封建权威的光环，它表明的是

---

① 参见哈贝马斯. 公共领域的结构转型 [M]. 北京：学林出版社. 1999：3—4.

| 想象与错置：传播学史中的法兰克福学派 |

一种社会地位。"① "直至 18 世纪末，代表型公共领域所依赖的封建势力、教会、诸侯领地和贵族阶层发生了分化，形成对立的两极；它们最终分裂成为公私截然对立的因素。"② 18 世纪欧洲早期资产阶级公共领域的产生正是以公和私的分化、国家和社会的分离作为前提，正是从中世纪的"代表型公共领域"中分离出来。

哈贝马斯认为印刷业的出现和发展对资本主义公共领域的发展起到了至关重要的作用。随着印刷业的发展，书籍报刊开始普及，当时几乎所有重要的书籍都是在咖啡厅发行的，读者范围不断扩大，文学在咖啡馆和沙龙中获得了合法性，越来越多的民众走进这些场合进行讨论。这就是哈贝马斯资产阶级公共领域的一个领域——文学公共领域。它的出现使得民众逐渐习惯于理性的批判，犹如古希腊时城邦的辩论，民众讨论的范围也从文学和艺术逐渐扩展至政治等其他领域，从而为政治公共领域的出现提供了契机。基于此，哈贝马斯曾给资产阶级公共领域下了定义：

> 资产阶级公共领域首先可以理解为一个私人集合而成的公众的领域；但私人随即就要求这一受上层控制的公共领域反对公共权力机关自身，以便就基本上已经属于私人，但仍然具有公共性质的商品交换和社会劳动领域中的一般交换规则等问题同公共权力机关展开讨论。这种政治讨论手段，即公开批判的确是史无前例，前所未有。③

几年后，哈贝马斯进一步完善了资产阶级公共领域的定义，他认为：

> 公共领域，我们首先是指我们的社会生活中的一个领域，某种接近于公众舆论的东西能够在其中形成。向所有公民开放这一点得到了保障。在每一次私人聚会、形成公共团体的谈话中都有一部分公共领域生成。

---

① 哈贝马斯. 公共领域的结构转型 [M]. 北京：学林出版社. 1999：7—8.
② 哈贝马斯. 公共领域的结构转型 [M]. 北京：学林出版社. 1999：11.
③ 哈贝马斯. 公共领域的结构转型 [M]. 北京：学林出版社. 1999：32.

第四章　哈贝马斯：法兰克福学派的一次转向

然后，他们既不像商人和专业人士那样处理私人事务，也不像某个合法的社会阶层的成员那样服从国家官僚机构的法律限制。当公民们以不受限制的方式进行协商时，他们作为一个公共团体行事——也就是说，对于涉及公众利益的事务有聚会、结社的自由和发表意见的自由。在一个大型公共团体中，这种交流需要特殊的手段来传递信息并影响信息接受者。今天，报纸、杂志、广播和电视就是公共领域的媒介。当公共讨论涉及与国务相关的对象时我们称之为政治的公共领域，以相对于文学的公共领域。①

他在1998年的一次采访中，对资产阶级公共领域的概念再次补充：

资产阶级公共领域是一种特殊的历史形态，它尽管与其在意大利文艺复兴时期城市中的前身具有某些相似之处，但它最先是在17、18世纪的英格兰和法国出现的，随后与现代民族国家一起传遍19世纪的欧洲和美国。其最突出的特征，是在阅读日报或周刊、月刊评论的私人当中，形成一个松散但开放和弹性的交往网络。通过私人社团和常常是学术协会、阅读小组、共济会、宗教社团这种机构的核心，他们自发聚集在一起。剧院、博物馆、音乐厅以及咖啡馆、茶室、沙龙等为娱乐和对话提供了一种公共空间。这些早期的公共领域逐渐沿着社会的维度延伸，并且在话题方面也越来越无所不包：聚焦点由艺术和文学转到了政治。②

从哈贝马斯有关资产阶级公共领域的三个定义中可以看出，他把早期资产阶级公共领域划分成文学公共领域和政治公共领域两个不同阶段。相比文学公共领域，政治公共领域更为彻底地摆脱了与代表型公共领域的联系。但是在这两个不同的公共领域中，媒介始终扮演着重要的角色。在文学公共领

---

① 参见汪晖、陈燕谷. 文化与公共性 [M]. 北京：生活·读书·新知三联书店. 2005：125—133.

② 哈贝马斯. 关于公共领域问题的答问 [J]. 社会学研究. 1993. 3：79—80.

域中,民众是借助咖啡馆、沙龙以及俱乐部等场合构成对话和交谈的公共空间。除此之外,17世纪末18世纪初的报纸、杂志亦是另一种有效的文学公共领域形式。资产阶级政治公共领域的雏形最先出现在18世纪初的英国,这与当时英国的报刊发展相关。18世纪初,英国阶层已经形成了具有批判意识的公众,弱势方努力把政治冲突引入公共领域,而新闻检查制度的废除更是促使公共领域发展到了全新的阶段,使得理性批判精神有可能进入报刊,并使其变成一种工具,进而把政治决策推至新的公众空间。

  对于两种不同的文学公共领域,哈贝马斯都是持有肯定的态度。他认为报刊可以将马克思的政治解放与人的解放统一起来。"'成熟的资产阶级公共领域永远都是建立在组织公众和私人所具有的双重角色,即作为物主和私人的虚构统一性基础之上',在这种公共领域中,手抄的和印刷的杂志成了公众的批判工具,而首先在英国兴起、继而到1750年前后在整个欧洲触目可见的'道德周刊'起了至关重要的作用。哈氏将报刊称为'公共领域最典型的机制'。"①

  但是好景不长,19世纪最后25年以来国家干预主义渐趋增强,重新融合了作为公共领域的基础——分离的国家和社会。"国家权力为社会权力所取代。社会的国家化与国家的社会化是同步进行的,正是这一辩证关系逐渐破坏了资产阶级公共领域的基础,亦即,国家和社会的分离。从两者之间,同时也从两者内部,产生出一个重新政治化的社会领域,这一领域摆脱了'公'和'私'的区别。它也消解了私人领域中那一特定的部分,即自由主义公共领域,在这里,私人集合成公共,管理私人交往中的共同事务。公共领域的消亡,在其政治功能的转型过程中得到了证明,其缘由则在于公共领

---

  ① 展江. 哈贝马斯的"公共领域"理论与传媒[J]. 中国青年政治学院学报. 2002.3: 124—125.

第四章 哈贝马斯：法兰克福学派的一次转向

域和私人领域关系的结构转型。"①哈贝马斯看来，公共领域和私人领域的重新融合正是公共领域社会结构的重大转型，"资产阶级公共领域模式的前提是：资产阶级公共领域和私人领域的严格分离，其中，公共领域由汇聚成公众的私人所构成，他们将社会需要传达给国家，而本身就是私人领域的一部分。当公共领域和私人领域发生重叠时，资产阶级公共领域的模式就不再适用了。"②

哈贝马斯在《公共领域的结构转型》中直接用"从文化批判的公众到文化消费的公众""从私人的新闻写作到大众传媒的公共服务：作为公共性功能的宣传（广告）"等章节直接论述了资产阶级公共领域的社会结构和政治功能的转型，导致了传媒的功能退化。"哈氏指出，在报刊与公众之间，19世纪中后期以来，大众报刊逐渐取代了具有批判意识的文学家庭杂志，它们往往不惜以牺牲其政治与公共事务内容为代价，它迎合教育水平较低的消费集体的娱乐和消闲需要。他援引美国传播学者施拉姆的术语说，即时报偿新闻（如腐败、事故、灾难、漫画、体育、娱乐、社会新闻和人情味故事）不断排挤延期报偿新闻（如公共事务、社会问题、经济事件、教育和健康），'阅读公众的批判逐渐让位于消费者交换彼此品味与爱好'。"③原来的"文化批判公众"逐渐变成了"文化消费公众"，即成了被操纵的公众，这样也导致了文学公共领域的消失，取而代之的是文化消费的伪公共领域或伪私人领域。

哈贝马斯最为看重的批判的公共讨论功能不断地被削弱。自从19世纪中

---

① 哈贝马斯. 公共领域的结构转型 [M]. 北京：学林出版社. 1999：171.
② 哈贝马斯. 公共领域的结构转型 [M]. 北京：学林出版社. 1999：201.
③ 展江. 哈贝马斯的"公共领域"理论与传媒 [J]. 中国青年政治学院学报. 2002.3：126.

| 想象与错置：传播学史中的法兰克福学派 |

叶以来，一直保障着公众具有批判意识的机制动摇了。电台、出版社和协会照常举办公开的讨论，呈现出繁荣的表象。但是，在他看来，讨论的本质已经发生了变化：讨论本身具有了消费形式。尽管，文化商品的商业化在过去曾经是批判的前提；但批判本身却根本不处于交换关系之中。"过去，人们为了书籍、剧院、音乐会和博物馆是要付钱的，但是，为了讨论所读的、所听的和所见的，在讨论中才真正获得的信息，却无须花费。今天，讨论本身受到了管制：讲台上的专业对话、公开讨论和圆桌节目——私人的批判变成了电台和电视上明星的节目，可以圈起来收门票，当作为会议出现，人人可以'参加'时，批判就已经具有了商品形式。……批判的公共讨论功能则不断遭到破坏。文化商品市场成为不断扩大的消闲市场，担负起新的功能。……大众文化这一可疑名称之由来就在于，它试图迎合教育水平较低的消费集体的娱乐和消闲需求，以增加销售，而不是将广大公众导向一种实质未受损害的文化。"① 而公众分裂成没有批判意识的专家和大众两个群体。于是，公众丧失了之前独有的交往方式。"资产阶级公共领域的特征在于，国家和社会的大型组织'苦心经营，大肆宣扬着自身的立场'。作为宣传的一个因素，个人权威所表现出来的那种灵光又出现了；就此而言，现代宣传确实与封建宣传十分接近。公共关系所关心的实际上并不是公众舆论，而是对声望的舆论。公共舆论变成了一座宫廷，公众可以瞻仰其所展示出来的声望，但不能对它自身提出批判。"②

从社会领域与内心领域的两极分化，过去家庭作为内心领域的场所，通过阅读，既和自己，也和他人进行交流，从而形成文学公共领域，而在当前，家庭已经转变成通过消费等商业化的形式来构建自身功能。同样作为文学批

---

① 哈贝马斯. 公共领域的结构转型 [M]. 北京：学林出版社. 1999：191.
② 哈贝马斯. 公共领域的结构转型 [M]. 北京：学林出版社. 1999：235.

第四章 哈贝马斯：法兰克福学派的一次转向

判和政治批判场所的沙龙，也变成了集体文化消费的公共场所。

基于哈贝马斯对公共领域结构功能的转变，有学者认为在《公共领域的结构转型》中哈贝马斯理论的美国化倾向就显现得较为明显，甚至是全盘接受了帕森斯的结构功能主义的视角。虽然在哈贝马斯之后另一重要著作《交往行为理论》中，他的确对米德、帕森斯进行了比较研究，凸显了他的美国实用主义取向。在他的公共领域研究中，也依稀可见交往理性的一些影子，但是就此得出他的美国化倾向，为时过早。因为在《资产阶级的公共领域》中，无论是哈贝马斯对资产阶级公共领域的转型，即从"理性的"转变至"消费的"的过程所持有的悲观态度，还是他对媒介功能退化的理解，更多的还是受法兰克福学派，尤其是阿多诺的影响。以哈贝马斯对文学公共领域消失后，民众对公共事务的讨论变化的看法为例，"在18世纪所出现的公共领域中，私人能够意识到自己作为资产者和个人的双重身份。以前人们是在业余时间内参与文学公共领域，而现在业余时间仍然是工作时间的补充。业余时间内从事的私人事务不可能变成私人之间的公共交往，文学公共领域在消费领域内部发生发展，真正的文学领域消失了。控制商品流通和社会劳动领域的市场规律渗透到了私人领域，公众的批判意识就逐渐转变为消费观念，这样公众就从文化批判转变到文化消费了。"① 这一论述，跟阿多诺在《论流行音乐》中的观点极为一致，阿多诺认为囿于流行音乐内在的商业娱乐性，使得听众无须全神贯注地去欣赏音乐，而是不费力地聆听音乐。而听者之所以这么做，是出自逃避生活和缓解压力的需求，但是如此一来，他们的时间再次延续为工作时间。哈贝马斯对媒介的工具理性的批判，跟阿多诺和霍克海默的媒介批判研究持有较为相同的态度。新闻版面与广告版面的密不可分，

---

① 哈贝马斯.公共领域的结构转型[M].北京：学林出版社.1999：198.转引自王江涛.哈贝马斯公共领域思想研究[D].华东师范大学.2009：20.

| 想象与错置：传播学史中的法兰克福学派 |

报刊变成了有特权的私人利益侵略公共领域的入口。报刊业在商业化的过程中也越来越容易被操纵了。报刊风格的转变，由原先的政治新闻评论为主逐渐转向故事小说叙事风格、注重发行量、增加娱乐版块，从而把昔日的文学公共领域商品化和规则化了。哈贝马斯对报刊功能转变的认识，简直和霍克海默、阿多诺对美国文化工业的批判一模一样。

哈贝马斯还认为，在从私人的新闻写作到大众传媒的公共服务的政治功能转型的过程中，广告侵入公共舆论的形成。为了实现这一目的，它有计划地制作新闻或利用事件来吸引人们的注意力，运用心理学和技术，与大众媒体结合，制造话题：爱情、宗教、金钱、儿童、健康以及动物。目的在于，借助对事实和模式的形象展示，"通过建立使人接受的新权威和新象征，改变公众舆论的方向。……大众娱乐与广告的结合已经在公共关系的形式中具有了一种'政治'性质，它甚至使国家也屈从于它的准则"，[1] 这种公共关系所建构出的公共权威，成为社会上具有影响力的半政治力量，技巧越成熟，民意的操作就越彻底。霍克海默和阿多诺因为无视民众的能动性而被诟病，但是在哈贝马斯眼中，至少在《公共领域的结构转型》中民众的主动性也是微乎其微的。他们有着相似的观点，关键在于他们的着眼点都是社会结构和制度。在如此的社会制度犹如严密的系统控制之下，个人的作用几乎是可以忽略不计的。

哈贝马斯在《公共领域的结构转型》中探讨的是资产阶级社会范畴的结构转型，他将公共领域转变看作是从理性到消费的过程。但也正是这样的切入口，或许局限了哈贝马斯对公共领域的进一步深化。之前他更多地将这种公共领域寄托于一个理想类型，即早期资产阶级，这直接导致了哈贝马斯的

---

[1] 哈贝马斯. 公共领域的结构转型 [M]. 北京：学林出版社. 1999：229，231.

| 第四章　哈贝马斯：法兰克福学派的一次转向 |

公共领域的构想陷于困境。"因此他必须抛弃《公共领域的结构转型》中的特定历史和社会建制的策略，从而才可以为合理化和政治民主化奠定基础。关键的问题是，如何为普遍的利益奠定基础？哈贝马斯这时候不再相信公共领域本身可以满足这个需要，他因此要寻找一种相对较少具有历史性的，更具有先验意味的民主基础，这就是哈贝马斯转入交往理论的缘由。"①"哈贝马斯继续试图寻找着出路，从而恢复其早期资产阶级政治理论和实践形式民主的规范理想，并为辨别其发展的社会方向奠定基础……《公共领域的结构转型》将实践理性运用于政治的基础，置于公共领域所属的特定的历史社会制度中，但是交往行动理论则将之置于历史的、进化的、就其本质来说是主体间的交往之交往资质或理性能力之上。公共领域依然是一个理想的，但是它现在成了交往行动理论进化的偶然产物，而不是其理论的基础。"②哈贝马斯的关注点由"主体性"转向至"主体间性"，预示着杜威、米德的实用主义哲学，尤其是米德的互动理论，将会对哈贝马斯产生更为深远的影响。

有人认为，《公共领域的结构转型》德文版早在1961年就出版，但是英文译本的面世已是1989年。间隔的20多年正是美国传播学科范式危机论争最为激烈的阶段，哈贝马斯的影响力尚未到顶峰，所以美国传播学者把法兰克福学派的认识停留在霍克海默和阿多诺等第一代学者似乎是情有可原。在哈贝马斯被众多美国学者认识之前，施拉姆等学者都已过世。但是，即便施拉姆等在世，哈贝马斯的存在也未必会改变他们的看法，犹如霍克海默和阿多诺无法进入他们的视野一样。再者，虽然《公共领域的结构转型》直至1989年才登陆英语国家，但引起的影响几乎是即时性的。哈贝马斯在1990年新版序言中亦提及该点："在现实当中，中欧和东欧的追补革命使我们目睹了

---

① 王江涛. 哈贝马斯公共领域思想研究 [D]. 华东师范大学. 2009：21.
② 王江涛. 哈贝马斯公共领域思想研究 [D]. 华东师范大学. 2009：40.

公共领域结构的转型。直至去年，美国才赶着推出了本书的英译本，而美国读者对此书的接受也说明这一主题仍具有现实意义以及广阔的研究前景。"[1]但是哈贝马斯的《交往行为理论》在德文版出版四年后，即1985年就被托马斯·麦卡锡翻译引介入英语国家，也就是说20世纪80年代英语国家的学者对哈贝马斯的认识并非一片空白，而且《交往行为理论》更是凸显了他美国实用主义哲学的理念。罗杰斯在1994年出版的《传播学史》中提及了作为法兰克福学派第二代旗手的哈贝马斯，但是对其的论述几乎一笔带过。而且在20世纪90年代的美国传播范式讨论中，对哈贝马斯的关注亦不多。虽然有如"今天，'communication'领域最有影响的思想家，也许是哈贝马斯和列维纳斯。和杜威一样（虽然他引用得更多的是米德），哈贝马斯把交流当作是一种行为方式。"但是这样的声音毕竟还是少数。仅以哈贝马斯著作出版时间来掩盖美国传播学者对他的关注，似乎是难以成立的。

彼得斯认为："人的主体性或者自主性本身就构成了'交流的鸿沟'。而哈贝马斯恰恰就是从这个起点展开了他的论述。对于'个体意识的相互隔绝'这个问题带给交流的根本性困境的'解决'，构成了哈贝马斯'交往行动理论'的哲学基础，这就是由'主体性'向'主体间性'转变。"[2]

哈贝马斯提出交往合理性，目的就是要为作为主体的人的交往行为提供合理的根据。而这种合理性只能在人所处的世界来寻找。哈贝马斯基于波普尔的三个世界理论，将世界划分为三个部分：客观世界、社会世界和人的主观世界。在此基础上，哈贝马斯提出了交往行为的概念，并对社会行为做了系统的四划分，即目的行动、规范调节行动、戏剧行动以及交往行动。

---

[1] 哈贝马斯. 公共领域的结构转型 [M]. 北京：学林出版社. 1999：1.
[2] 胡翼青，解佳. 哈贝马斯批判：基于交往行动理论的反思 [J]. 中国地质大学学报（社会科学版）. 2009.5：99.

第四章 哈贝马斯：法兰克福学派的一次转向

第一，目的行动。目的行动是通过选择有效的手段和恰当的方法，行为者实现了一定的目的，或进入了一个理想的状态。哈贝马斯认为，目的行动的前提是客观世界，关键在于"行为者能否成功地让他的感知和意见与世界中客观存在的事物一致起来"，或是"行为者能否成功地让客观世界中存在的事物与他的愿望和意图吻合起来"。① 第二，规范调节行动。它是一个社会群体的成员在共同价值规范的语境下的行动。哈贝马斯认为，规范调节行动的前提是客观世界和社会世界，关键在于"行为者的动机和行为与现成的规范之间是相互一致还是相互偏离。判断标准是，这些行为是否具有正确性"，或者是"现成规范自身是否体现出一些价值，从而把相关者普遍关心的问题表达出来，进而使规范获得所有接受者的认可。判断的标准则是，它们能否得到证明"。② 第三，戏剧行动。它所指的既不是孤立的行为者，也不是某个社会群体的成员，而是互动参与者，他们相互形成观众，并在各自对方面前表现自己。其前提是内心世界和外部世界（不仅是客观世界的物质对象，还包括社会对象），关键在于"行为者的时机选择是否恰当、是否言出心声、是否真诚地表达或是掩饰了自己的内心愿望、情感、意见和意图对于能否成功地操纵对方的印象至关重要。'戏剧行为也可以具备潜在的策略特征，但前提是行为者把观众不是当作公众，而是当作对手'"。③ 最后，交往行动。它所指的是至少两个以上具有言语和行为能力的主体之间的互动，这些主体使用（口头的或口头之外的）手段，建立起一种人际关系。行为者通过行为语境寻求沟通，以便在相互谅解的基础上把他们的行为计划和行为协调起来。

---

① 哈贝马斯. 交往行为理论［M］. 上海：上海人民出版社：2004：86.
② 哈贝马斯. 交往行为理论［M］. 上海：上海人民出版社：2004：87—89.
③ 关桂芹. 通向解放的乌托邦指路：哈贝马斯交往思想研究［D］. 吉林大学．2009：35.

哈贝马斯认为,"只有交往行为模式把语言看作是一种达成全面沟通的媒介。在沟通过程中,言语者和听众同时从他们的生活世界出发,与客观世界、社会世界以及主观世界发生关联,以求进入一个共同的语境。"①

哈贝马斯认为交往行为模式贯穿于由米德的符号互动论、维特根斯坦的语言游戏概念、奥斯汀的言语行为概念以及伽达默尔的解释学。但在哈贝马斯的交往理论中,米德的符号互动论和自我理论是影响最为深远的。"米德第一个深入考察了作为社会产物的自我的主体间性模式。直到米德,人们才开始沿着互动分析的路数,从费希特道德学所固有的困境当中走了出来。"② 米德在《心灵、自我和社会》中的表述,和哈贝马斯对交往行动的认识极为相似,"一个有机体的姿态,这种姿态作为其中的一个早期阶段的社会活动的结果,以及另一个有机体对这种姿态的反应,都是存在于姿态与第一个有机体,姿态与第二个有机体,以及姿态与特定社会动作后阶段之间的三层关系或者三重关系之中的一组事项;并且这种三重关系构成了意义从中产生的发源地,或者说它发展为意义的领域。……我们所谓的'意义'具有两个特征:一个是参与,另一个是可交流性。只有当个体在另一个个体身上引起的动作的某一个方面也能够在他自身引起时,意义才能产生。从这种程度上说,参与总是存在的。这种参与的结果是可交流性,也就是说,个体可以向他自己表示他正在向其他人表示的东西。"③ 在"意义"的认识层面上,米德跟杜威是相似的,他们都认为意义是通过交流产生的。而"行为者根据他所处的情景和他的行动方向来选择、检查、中止、重组符号,并改变意义"④,从而以求达

---

① 哈贝马斯. 交往行为理论 [M]. 上海:上海人民出版社:2004:84,95.
② 哈贝马斯. 后形而上学思想 [M]. 上海:译林出版社. 2012:191.
③ 参见乔治·H. 米德. 心灵、自我与社会 [M]. 上海:上海译文出版社. 2008:68,73.
④ 乔治·H. 米德. 心灵、自我与社会 [M]. 上海:上海译文出版社. 2008:76.

第四章 哈贝马斯：法兰克福学派的一次转向

成共同的语境。在信息相互作用中人类通过对符号的使用以获取意义。

在米德的符号互动理论中，自我也是关键的概念。正是这种社会性行为提供了自我产生的机制，而且自我是在共同群体的社会互动过程中产生的，也是社会交流过程的个体反映。语言又是米德自我观念发展过程中一个必不可少的要素。这一点又促使哈贝马斯在交往理性中的普遍语用学的转向。他在区分交往行动和其他三种行动的差异之一时就强调语言在四个行动模式中的作用。哈贝马斯认为只有交往行为模式才把语言看作是一种达成全面沟通的媒介。彼得斯对此的总结恰如其分："和杜威一样（虽然他引用得更多的是米德），哈贝马斯把交流当作是一种行动方式。这种行动之下隐藏着一个道德上自主的自我，而且它又是一个过程。"[1]

哈贝马斯从米德的符号互动、自我理论以及对语言功能的理解，建立其以主体间性为基础的交往理论体系。就此，哈贝马斯逐渐转向为美国实用主义倾向的社会学家。但哈贝马斯并没有全盘接受米德的观点。哈贝马斯在《后形而上学思想》中，单独设置了"个体化与社会化：论米德的主体性理论"一章，对米德的理论进行反思和批判。哈贝马斯认为米德的理论始终无法跳出意识哲学的维度，局限于以有机个体的生理和心理为基础的自我研究，无法真正进入到人与人之间的交往过程之中，实现自我主体间性的转向。

米德是站在社会心理学的层面，对自我进行研究，但是哈贝马斯的着眼点不局限于社会心理学这一层面，他更多地在法兰克福学派的传统理论基础——社会批判理论之上，对自我反思。前者的着眼点多是个体化的自我内部，而后者聚焦在人与人之间的互动，尤其是人与社会的关系。"哈贝马斯的关注点与米德不同，与其说是社会中的个体自我，不如说是由个人之间的交

---

[1] 彼得斯. 交流的无奈：传播思想史 [M]. 北京：华夏出版社. 2003：17.

往所构成的社会,建立在个体互动基础上的社会是其理论的着眼点。"[①]

由此可见,既不能说哈贝马斯是彻底的美国式的实用主义社会学家,也不能说他没有背离了法兰克福学派的固有传统。哈贝马斯是典型的改良主义者,他推进了米德对自我问题与交往问题的研究,实现主体性向主体间性的转向,从而创立了交往行动理论。从哈贝马斯的《交往行为理论》和《后形而上学思想》可见,他试图批判社会系统对个人的压制和支配,并强调生活世界对个人发展的重要作用。

哈贝马斯的交往行动理论,达到了霍克海默就任社会研究所所长所期望的,即通过跨学科的研究方法,进行社会理论批判研究。哈贝马斯正是通过对不同的思想领域,包括德国传统形而上学、法兰克福学派社会批判理论以及英美意识哲学、语言哲学,特别是美国语用学的研究,对西方思想史,尤其是法兰克福学派自身进行了批判,并在此基础上建立起了自成一说的交往行为理论。虽然哈贝马斯当仁不让地被认为是法兰克福学派第二代学者的旗帜,但是他的研究路径跟前一代学者大相径庭。虽然他受到了美国实用主义哲学的较大影响,但他也未全盘接受,保持着他一贯的理性批判风格,从而形成了独树一帜的研究理论。

第三节 哈贝马斯学术路径的背后

比较哈贝马斯不同于学派第一代学者的学术路径时,有学者强调时代的

[①] 李琦,李淑梅. 自我问题研究的主体间性转向[J]. 求索. 2007. 9:133.

第四章 哈贝马斯：法兰克福学派的一次转向

变革，哈贝马斯所处的社会、时代都不同于霍克海默和阿多诺，因此造就了与众不同的哈贝马斯，这当然是一个重要的因素。"然而这种解释只能说明时代需要一种调和的批判理论，但无法说明为什么是哈贝马斯而不是别人来完成这一任务。……哈贝马斯之所以不能彻底接受学派第一代的思想，与他个人的生活成长经历也有关联。他从没有跟着学派第一代经受过流浪生活，这就是说哈贝马斯无法生活在第一代学者的语境中，他从来就没有存在于第一代学者的那些概念中。对此，魏格豪斯毫不客气地评价哈贝马斯他们这一代说，'对于那些在1933年之后长大的人来说，德国的乌托邦传统和社会批判传统不仅由于纳粹的统治而变得非常陌生，而且，在重建和冷战时期，这种陌生感依然保持着。'"[①] 时代背景是一个需要被涉及的点，毕竟"时势造英雄"，不同时代的知识分子，对于事物的整体认识以及传统问题的关注，是有所不同的。但时代背景只能说明同一代学者一个大致的学术立场或关注的问题，无法得出单独个体的发展轨迹。

哈贝马斯在访谈中被问及"我和法兰克福学派"时，他是如此直言不讳："我是第一个于纳粹时代在德国成长起来的非犹太人，我同他们完全不同地经历了法西斯的溃败。仅仅由于这些原因，要想同批判理论保持毫无歧见的关系，已经是不可能的了。此外，在我1956年任阿多诺助手时社会研究所具有的那种明智，现在也不复存在了。"[②] 从哈贝马斯的回答可以看到，"非犹太人"的身份，以及对法西斯纳粹的经历，使得哈贝马斯对第一代学者所经历的生活，根本无法感同身受。2004年，哈贝马斯获得了第20届京都奖（2004 Kyoto Prize for Arts and Philosophy）。在授奖仪式上，哈贝马斯首次也是

[①] 胡翼青，解佳. 哈贝马斯批判：基于交往行动理论的反思 [J]. 中国地质大学学报（社会科学版）. 2009，第5期：102.

[②] 尤尔根·哈贝马斯. 哈贝马斯精粹 [M]. 南京：南京大学出版社. 2009：436.

| 想象与错置：传播学史中的法兰克福学派 |

生平唯一一次在正式场合谈论起对自己哲学思想产生重大影响的事件①：童年的疾病及其对他童年经历的影响；1945年，他与同时代德国人的觉醒。

患有兔唇的哈贝马斯一出生，就不得不接受手术。此后的五年里，他接受了大量的手术和治疗。这样的童年经历，不仅使得哈贝马斯在与同龄儿童交流时，遇到了正常儿童所没有的痛楚和无奈，而且使他从小较早地体会到个体的脆弱性。哈贝马斯对交流理性的认识，多少与如此的童年经历密不可分。

于哈贝马斯而言，1945年5月8日第二次世界大战欧洲战场的结束日，是历史和个人双重意义上的解放。有学者认为这天几乎可以称之为哈贝马斯的重生日。哈贝马斯亦在京都奖发言中，坦言1945年是决定性的一年。在这一年，德国战败，并被盟军占领，由此德国社会、政治发生了剧变。对只有16岁的哈贝马斯而言，这一切意味着对以往所接受的教育的全盘否定和颠覆。哈贝马斯当时所生活的城市——古默斯巴赫——是一个完全纳粹化了的德国小城。哈贝马斯曾是"希特勒青年团"的成员，而他父亲更是在1945年纳粹战败之际，被美军以战俘的身份关押了近一年。哈贝马斯自小深受纳粹德国的意识形态影响。1945年，也是哈贝马斯从纳粹化思维中解放的时刻。哈贝马斯对那段日子是如此回忆："当时我只有十五六岁。我坐在收音机旁，体验着纽伦堡国际军事法庭里所讨论的一切。当其他人还在争论着纽伦堡国际军事法庭是否具备合法性，以及有关的法规和法律程序，却对纳粹所犯下的行径熟视无睹之时，我却已经经历了人生思想和情感的第一次痛楚与反思。

---

① 哈贝马斯不爱过多地谈及自己的生平经历，也不太喜欢别人过分询问他的生平经历。有次谈话中，有学者不慎多问了几句这方面的内容，让哈贝马斯颇为尴尬，只能无奈表示遗憾，拒绝回答。2004年，哈贝马斯在京都奖上的发言，主动谈及自己生平经历对其哲学思想的影响，是极为少见的。因此，有关哈贝马斯童年经历及1945年纳粹德国战败所带来冲击的论述，基本都是出自此次发言。

第四章 哈贝马斯：法兰克福学派的一次转向

即便是今天，我依然为此感到难受。所以，我没有像我的老一辈人那样，对在德国所发生的这一切视而不见。……为何诞生了康德、马克思等巨匠，一贯强调以个人自由为宗旨的德国文化，却又给了希特勒和他的纳粹如此大的发展空间和机会。"① "从1945—1949年间，我狼吞虎咽般地读着在书店能找到的第一批书。我父亲重新干起公司顾问的老本行。他把能搜集到的报纸杂志带回家。在中学，在叔叔文更德的影响下，我开始阅读哲学书刊。"② 从那时起，哈贝马斯接触到了一些美国实用主义方面的书籍。

正如没太多人会料到，哈贝马斯谈及对自己哲学思想产生重大影响的分别会是来自他童年和青少年的经历。这种完全有异于第一代学派学者的流亡经历，导致了他日后产生不同于常人的哲学理念。

虽然在1945年后，哈贝马斯涉猎美国社会学方面的书籍，这只是他了解美国实用主义的开始。直到1956年，他加入法兰克福社会研究所后，才开始系统了解美国实用主义哲学和英国分析哲学。在哈贝马斯成为阿多诺的学术助手后，阿多诺要求他掌握直面理论原著的能力，以此展开系统的研究，认真阅读马克思和弗洛伊德的著作。前者让他学会了诠释学的研究方法，而后者对他的影响显得更为直接、具体，认识到"尽管在他研究心理学期间几乎对弗洛伊德所知甚少，但弗洛伊德不仅是重要的理论家，是有广泛影响的心理分析体系的创始人，而且也是——和马克思一样——要分析当代状况就必须予以严肃对待的人"。③ 哈贝马斯对美国社会学的认识，也正是法兰克福社会研究所重建计划的一部分。阿多诺在1954年8月的备忘录中如此记载：

---

① 伯恩斯丁：哈贝马斯和现代性 [M]．Cambridge：1985：2.
② 陈勋武．哈贝马斯评传 [M]．广州：中山大学出版社．2008：19.
③ 罗尔夫·魏格豪斯．法兰克福学派：历史、理论及政治影响 [M]．上海：世纪出版集团上海人民出版社．2010：728.

| 想象与错置：传播学史中的法兰克福学派 |

> 战后德国出现了对于社会科学的兴趣的明显复兴……很大程度上从美国发展并提炼出来的社会研究技巧，对德国社会学产生的影响已经相当客观……然而，包括学生和非专业人士在内的大多数人，并没有注意到美国社会学家对社会思想和社会理论的贡献，而且也没有看到，美国的社会理论和社会研究如同其他各国一样，在发展过程中也是相互依赖和彼此影响的。当前的计划是通过向德国公众展现中立派思想家——虽然他们从经验主义和实用主义那里得到启发，但试图清晰地理解他们生活于其中的社会总体性——的著作……旨在结束这种隔阂。

阿多诺试图通过这个计划，利用美国社会学来帮助德国加强倾向于将社会作为整体的社会研究，也有助于填补战后德国社会学无法系统应对社会科学新思潮的巨大缺陷。[①] 虽然，现实的发展没有如阿多诺设想的，也不是所有人都像阿多诺那么深谋远虑，只有凡勃伦的著作翻译出版，而其他几位学者著作翻译计划最终搁浅。但是，阿多诺如此对待美国社会学的态度、对部分社会学经典文献的重视程度，直接影响到了身为助手的哈贝马斯。对美国社会学和分析哲学的看法，哈贝马斯反馈："我学习理论的 20 年代，的的确确是已经过去的 20 年代。这促使我接受了美国的社会学，以后又接受了分析哲学。我认为，根本不存在什么'资产阶级科学'这个范畴。已建立的一切科学都或多或少地具有可利用的东西。我认为从根本上来说，凡是具有认识论、结构主义或者释义学因素的、凡是能使人们从内部来揭示客观事物的，

---

① 罗尔夫·魏格豪斯. 法兰克福学派：历史、理论及政治影响 [M]. 上海：世纪出版集团上海人民出版社 . 2010：629. 阿多诺初步拟定的书目包括林德夫妇《中镇》及后续研究（Middletown and Middletown in Transition）、杜威尚未翻译成德文的著作选集、阿多诺等人撰写的《权威主义人格》（Authoritarian Personality）、罗伯特·默顿《社会理论和社会结构》（Social Theory and Social Structure）、威廉·萨姆纳《社会习俗》（Folkways）、凡勃伦《有闲阶级》（The Theory of the Leisure Class）。

第四章 哈贝马斯：法兰克福学派的一次转向

都能够沟通、联系起来。"①

霍克海默和哈贝马斯的学术观念冲突，导致了哈贝马斯被迫出走社会研究所，可以看到有关法兰克福学派内部的关系："法兰克福学派作为一种现代学术制度，并不是一般所认为的那样天衣无缝、铁板一块，用简单的'批判'概念就能完全概括起来的，而是充满着不同的紧张关系，甚至是矛盾关系。我们知道，单单这一个'批判'概念，就有'社会批判'和'意识形态批判'、'规范批判'和'经验批判'、'哲学批判'和'实践批判'等重大区别，更何况学派内部一直都存在着学科上的差别，所谓'科际整合'，是法兰克福学派的一个强项，但也是紧张之焦点。……法兰克福学派内部同辈人之间也是摩擦不断，矛盾重重。先是有：霍克海默与弗洛姆之间围绕着精神分析理论产生了严重的分歧，直至最终分道扬镳，老死不相往来；基希海默和诺曼等人关于'权威主义国家'的法哲学辩论，在霍克海默为社会研究所拟订的总体研究计划中一直被排挤在边缘地位，默默无闻，至今还没有得到应有的重视；马尔库塞的激进主义哲学则完全背离了法兰克福学派原初的'理论与实践的同一性'的理论前提等。"②

虽然霍克海默上任之初，就拟定了研究所的发展方向，但长期以来，除了他和阿多诺长期保持着学术的一致性外，其他成员间的学术理念经常发生摩擦，很难取得一致性。哈贝马斯与霍克海默之间的学术冲突，也只是社会研究所内部诸多矛盾之一，而相比其他成员之间的矛盾，他们的冲突被放大与凸显，跟他们是法兰克福学派两代的旗手有关。鉴于哈贝马斯和霍克海默、阿多诺所处的社会时代背景，以及成长经历的不同，法兰克福学派两代学者的学术路径不同亦在情理之中。无论是哈贝马斯的公共领域研究，还是交往

---

① 尤尔根·哈贝马斯. 哈贝马斯精粹 [M]. 南京：南京大学出版社. 2009：437.
② 曹卫东. 学术造反与制度紧张 [J]. 读书. 2001.1：58.

行为理论，都显示出不同于学派前辈的研究路数。他在法兰克福学派传统社会批判理论基础之上，批判地接受了美国实用主义哲学的理念。这种学术理念调和改良的方式，再次显示出哈贝马斯在学术层面上的修正主义倾向。

诚如曹卫东所言，法兰克福学派内部并不是一般所认为的那样天衣无缝、铁板一块，用简单的"批判"概念就能完全概括，而是充满着不同的紧张关系，甚至是矛盾关系。我们无须放大哈贝马斯跟霍克海默之间的矛盾，但也不能无视学派二代学者间的差异，从而忽视法兰克福学派内部是不同这一事实。

结　　语

  李金铨教授对我国传播学界现状有过这样的评价："最近我在大陆参加一个国际学术会议，发现应邀报告的题目繁多而庞杂，有人谈'文化帝国主义'、国家形象，针对的是传媒的角色；但也有人谈祖孙关系，那是涉及第一个意义的'沟通'了。这两方面的知名学者都很认真，但好像在两个世界各说各话，学术关怀和问题意识南辕北辙，完全无法交流得上。这又回到'什么是 communication'的问题来了。"① 他的评价，可以说是一针见血。同一个单词的不同含义，就让同一研究领域的学者，犹如身处不同的笼子里，鸡同鸭讲，无法进行有效的交流。研究"传播、交流、沟通"的学者们，却无法进行有效的"传播、交流、沟通"。但是这样的情景，却并不限于国内的传播研究，几乎是当前国内外知识界存在的问题。

  早期的知识界中似乎有一个共同的参照系，它对知识界的参与者提供了必然的事物的衡量标准，并且给予了他们互相尊重和信任感；当代的知识界不再是一个统一体，而是呈现为相互敌对的派别和相互冲突的

---

① 李金铨. 传播研究的典范与认同：一些个人的初步思考［J］. 传播研究与实践. 2014. 1：6. 李金铨在该文中，认为 communication 包含三层意义：第一层面就是来自词源，即建立感情与意义的"共同性"；二是"交通"，工业化以后出现快速、便捷的现代交通工具，既扩大了人们沟通的距离，却也稀释了沟通的内容；三是"传播"，及至无远弗届的大众媒介成为生活的重心，更打破了时空的藩篱，比"交通"更扩大沟通的能力，但更进一步稀释了沟通的内容。

| 想象与错置：传播学史中的法兰克福学派 |

学说的战场。各种学说不仅有自己的一套利益和目的，而且有自己对世界的描述，它们把相同的物体描述为具有十分不同的含义和价值。在这样一个世界里，知识交流和达成一致的可能性被降至零点。由于缺乏共同的感知，人们诉诸关于相关性和真理的同一标准的可能性大大减少。既然世界在很大程度上是通过词语凝聚在一起的，那么当这些词语对于那些使用它们的人来说已不具有相同的含义时，人们相互误解和无法沟通就是必然的了。①

路易斯·沃思写于1936年的这段话针对的是20世纪初的知识界，但用它来形容半个世纪后甚至当前的传播学科，也是恰如其分的。知识界不再像早期那样存在较为统一的参照系了。对此，沃思分析原因：一是由于人们生来就缺乏一种理解他人的能力，二是持派别观点的人更是顽固地拒绝考虑或认真地面对对手的理论，原因不过是他们属于一个对立的知识阵营或持有不同的政治立场。

之所以缺乏参照系的原因，不仅是对几个词语的不同理解，更多的是对于同一些事物的不同看法及态度。多元化的观点，不意味着共同参照系的缺失，参照系的存在也不是要求只能存在同一种声音，它的作用无非是提供一个大致的衡量标准，以至于知识界可以形成学术共同体。当然，随着人文社会领域的整体发展变化，所谓的衡量标准会有所变化。每一代学者所肩负的学术使命，也会有所不同。这就要求后来的研究者们，在审视学科发展，或是前一代甚至前几代学者研究成果之时，除了单纯肯定或者否定之外，亦需要一种同情之理解的态度。

当前国内外对已有的传播图景的种种反思，是对以往传播研究的一次突破，虽然研究者各自的出发点有所不同，但是这种对已有的知识谱系的再审

---

① 卡尔·曼海姆. 意识形态与乌托邦 [M]. 上海：上海三联书店. 2011：序言：17.

| 结　语 |

视，有利于传播研究的发展。当然，我们也需要谨防为了反思而反思的行为。怀有这样的研究目的，所谓的反思，就成了它们所批评的研究对象那样——辉格式的研究倾向，如巴特菲尔德所强调的：

> 可能过分相信自己的研究，以至于我们以感性而非理性判断来看待历史。历史学家也容易逾越自己的研究领域，试图从历史得出无法给予甚至相反的内容。这些历史学家也会倾向于从叙述中得出没有材料支持，也没有过程的研究结论。在辉格党历史学家的谬误背后，有着明显的价值判断，希望通过历史来解决问题。[①]

一旦历史学家跳出自己的研究范围，为现实问题寻找处方时，往往会有意无意地从已有的历史中找寻支撑观点的材料。实际上，这些材料不是像辉格式历史学家眼中的那样，可以成为解决现实问题的处方。当美国主流研究范式遇到危机，传播学者反思之际，一部分学者怀着"强烈的价值判断的热情"，片面地理解来自欧洲大陆的研究范式，认为不同于自己的研究范式就是相互排斥的，似乎这些研究范式可以解决学科危机。一部分学者对施拉姆的传播谱系图提出质疑，似乎认为正是施拉姆当年的选择，成为导致传播学科研究范式危机的关键。巴特菲尔德有关辉格式的历史阐释的理解，可以帮助我们理解，无论是出于何种目的，上述两种判断都是有失公允的。

历史研究的困难似乎都来自节选的内容或片段这一问题。假如可以把历史的复杂性和细节呈现，那么历史就将跟生活一样，混乱无序；但是由于历史可以浓缩，因此又变得简单。通过简化，选择忽略部分内容，无序变成有序。这是依据删减后的历史版本，能让一部分人较为轻易地

---

① Herbert Butterfield. *The Whig Interpretation of History*. W・W・Norton & Company, Inc. 1965：64—65.

| 想象与错置：传播学史中的法兰克福学派 |

得到确定性和相对明了的结论。①

笔者的意思并非说那些传播学者的观点是没有根基的幻想，而是想指出重新审视历史不能仅仅孤立地看待某一些历史事件。

鉴于学界对法兰克福学派的研究已经深入到一定程度，笔者为了避免做重复性的工作，在写作过程中避免"炒冷饭、嚼剩饭"的做法。因此，当选择法兰克福学派作为研究对象时，不能仅围绕着"文化工业""工具理性""交往理性"这些标签式的内容来做文章。笔者尝试从一个相对陌生的角度，展现不同以往的法兰克福学派形象。当然，那些标签式的内容依旧是无法逾越的知识点，它们在本书里也是展现法兰克福学派形象的不同维度。

在我国，传播学是"舶来品"，因此传播学史，主要还是有关欧美传播研究的学术史或学科史，但当它们的书写多少存在辉格式的历史阐释倾向时，我们作为远离当事双方的第三方，最理想的状态理应是以他者的视野、旁观者的冷静来面对这些叙述。但现实却是，我们会常常追随握有学术话语权的叙事方，有意或无意地照搬了他们的说法。"每个国家的研究传统都有其特定的历史语境和契机，任何理论都不能普遍适用于不同的时代或国家。但是，如果根据自身的社会实践汲取马克思主义理论中有用的精华，包括其基本概念与方法论，从而开拓性地建构自己的学术体系，研究自己国家社会发展中紧迫而重要的媒体传播议题，我们或许可以从英国的研究学术史中获得一点参照和启发。"② 有意义的参照和启发，绝不是照搬西方的叙事方式。当批判学派和经验学派作为两种研究范式，被以知识点的形式写入传播研究教科书，久而久之，这样的认识成为后学们的常识。倘若美国传播研究是出于学科范

---

① Herbert Butterfield. *The Whig Interpretation of History*. W · W · Norton & Company, Inc. 1965：97—98.

② 曹书乐．批判与重构：英国媒体与传播研究的马克思主义传统［M］．北京：清华大学出版社．2003：229.

结 语

式，或是哲学理念差异的原因，建构出这样的二元对立。但是，若没有了美国的语境，我们所见到的批判学派理应是不同于美国研究学者的图景。笔者试图在这段被大多数后学认为是常识的历史情景中，还原出批判学派相对更真实的面貌，以求深化学界对该学派的认识。

20 世纪 30 年代，霍克海默在经历多个国家的漂泊之后，最终决定把法兰克福社会研究所搬迁至大洋彼岸。而在美利坚合众国的流亡岁月中，他们努力保持自身的学术独立，与美国主流学术圈保持着距离。与此同时，他们又见证了资本主义社会飞速发展过程中所带来的种种现实问题。这种局外人的身份，让社会研究所在美国的日子成为他们最具创造力的时期。他们对美国大众文化现象背后社会制度的警惕，加上欧洲学者一贯思辨性的批判行文风格，也使得他们的研究被后人标签化和简单化。后人认为霍克海默们的态度是对大众文化彻底的、无情的否定，对民众持有悲观的否定态度，甚至他们被认为是反民主的。而同属欧洲的英国文化研究，则是对流行文化持有更多的肯定态度。这样的解读比较，不能说没有道理，但是这种说法对霍克海默和阿多诺而言，是有失偏颇的。他们所批判的是美国大众文化背后的社会制度，以及控制着整个社会运营的系统。他们所看到的不只是民众享受文化产品，而是长期在这样的环境之下，民众终将迷失自我，失去自由，这也是一种被极权控制的体现。若是脱离此语境，单独地去解读霍克海默、阿多诺的文化工业批判，会感受到他们对民众能动性的无视，但是联系到社会研究所成员的亲身经历及当时社会环境——无数犹太知识分子从纳粹德国的极权统治纷纷出逃流亡——就可以理解霍克海默们的用意：个体在极权主义的环境下，是无能为力和无法反抗的。

对法兰克福学派文化工业理论的批判，常常强调该学派忽视大众的主动性和抵抗性。但在此层面上，法兰克福学派和所谓"敌人"哥伦比亚学派是持有较为相似观点的。"谁拥有和控制大众媒体""媒体对个体受众成员的效

| 想象与错置：传播学史中的法兰克福学派 |

果""宏观""微观"等关键词，的确是区分法兰克福学派和哥伦比亚学派的一个关键点。但却不能把法兰克福学派的研究就只限于或者等同于只在乎"谁拥有和控制大众媒体"宏观的媒介研究，后者也同样。虽然法兰克福学派和美国主流传播研究存在着异质性，同样也有着共通性和同质性。之所以法兰克福学派的相关研究很难被美国学者所接受，并不是因为研究方法的不同，而是在于法兰克福学派对美国文化的批判，多数是对其背后的社会制度的批判和否定。这种彻底否定社会制度的批判，绝对超出对制度持有认可态度的改良主义者的忍受范围。

同样，阿多诺和拉扎斯菲尔德在广播音乐项目合作失败，更多的是由于项目背后商业利益和学术间博弈所造成的结果，而非我们习以为常的认识，即源自当事双方在研究方法层面的对峙。阿多诺通过对美国流行音乐的分析，彻底否定了资本主义制度的研究成果，势必不能令项目投资方，也就是制度的受益者满意。后者需要的是一份如何让他们收益最大化的改良方案，而非那种全盘否定的檄文。这种资本主义商业利益和纯粹学术间的分歧，才是导致阿多诺等人的研究始终无法被美国学者接纳的关键所在。当然，在众多欧洲流亡知识分子中，阿多诺亦算是另类。他不合群的个性，对德国古典思想的坚持，以及专业级的古典音乐鉴赏能力，都是广播音乐合作失败不能忽视的偶然性因素。虽然霍克海默和阿多诺等社会研究所成员在美国的日子完成了大量经典的研究成果，但在当时，美国民众对他们却知之甚少。而当被众多美国民众知晓之时，霍克海默、阿多诺都已过世。而他们从幕后走向前台的方式，竟是阿多诺们最不屑的方式——激进的社会政治运动。当时的法兰克福学派业已度过了他们的学术高峰期，开始走向下坡路。而握着他们接力棒的哈贝马斯，其研究路径与哲学理念，却不同于这些前辈，异大于同。当然，哈贝马斯对霍克海默们的告别和背离，也意味着法兰克福学派第一代学者的时代彻底结束。而哈贝马斯学术路径的转向，也离不开时代带来的影响。

| 结　　语 |

　　跟霍克海默们为了逃脱法西斯主义而不得不离开家园的流亡经历不同，少年哈贝马斯却是法西斯主义青年军的成员。他对法西斯主义的重新认识，童年兔唇所带来的交流的无奈，以及二战后美国对欧洲实施的马歇尔计划的经历，都使哈贝马斯的价值观、方法论迥异于前辈们。

　　笔者从法兰克福学派外部和内部入手，重新审视已被常识化的二元对立。无论从霍克海默、阿多诺和拉扎斯菲尔德的合作，还是法兰克福学派所进行的经验研究，还是哈贝马斯学术路径的转向，都可以看出所谓的二元对立是很难站住脚的。这种说法更多的是美国传播研究者意识形态的表现。他们在建构过程中，凸显了跟当前研究现状更为相似的细节，而遮蔽了存在共通性的细节。如此的选择，是典型的辉格式的历史阐释倾向。笔者努力把所遮蔽的细节拿出来，展现出不同于固有的法兰克福学派形象。当然，若是这样的尝试，能够对我们的传播研究、构建自己的学术体系，提供了一点参照和启发。

参考文献

中文图书

【美】Daniel J. Czitrom. 美国大众传播思想：从摩斯到麦克鲁汉. 陈世敏译. 台北：远流出版事业股份有限公司. 1994.

【德】H·贡尼，R·林古特. 霍克海默传. 北京：商务印书馆. 1999.

【法】阿芒·马特拉，米歇尔·马特拉：传播学简史. 中国人民大学出版社. 2003.

【法】埃里克·麦格雷. 传播理论史：一种社会学的视角. 北京：中国传媒大学出版社. 2009.

【美】安德鲁·苏伯格. 技术批判理论. 北京：北京大学出版社. 2005.

【法】贝尔纳·米耶热. 传播思想. 南京：江苏人民出版社. 2008.

【美】丹·席勒. 传播理论史：回归劳动. 北京：北京大学出版社. 2012.

【美】大卫·莫里森. 寻找方法：焦点小组和大众传播研究的发展传播. 北京：新华出版社. 2004.

【美】汉诺·哈特. 传播学批判研究：美国的传播、历史和理论. 北京：北京大学出版社. 2008.

【德】哈贝马斯：现代性的地平线：哈贝马斯访谈录. 上海：上海人民出

版社.1997.

【德】哈贝马斯.公共领域的结构转型.上海：学林出版社.1999.

【德】哈贝马斯：哈贝马斯精粹.南京：南京大学出版社.2004.

【德】哈贝马斯：交往行动理论.重庆：重庆出版社.1994.

【德】哈贝马斯：交往行动理论.上海：上海人民出版社.2004.

【德】哈贝马斯：后形而上学思想.上海：译林出版社.2012.

【德】哈贝马斯：新功能主义及其后.上海：译林出版社.2003.

【德】卡尔·曼海姆.意识形态与乌托邦.上海：上海三联书店.2011.

【美】克琳娜·库蕾.古希腊的交流.桂林：广西师范大学出版社.2005.

【美】柯文.历史三调：作为事件、经历和神话的义和团.南京：江苏人民出版社.2000.

【美】莱斯利·A.豪：哈贝马斯.北京：中华书局.2002.

【美】马克·柯兰斯基.1968：撞击世界的年代.北京：生活·读书·新知三联书店.2009.

【英】玛丽·弗尔布鲁克.德国史：1918—2008.上海：上海人民出版社.2011.

【美】罗伯特·K.默顿.社会理论与社会结构.译林出版社.2008.

【美】罗伯特·麦克切斯尼.传播革命.上海：上海译文出版社.2009.

【德】罗尔夫·魏格豪斯.法兰克福学派：历史、理论及政治影响.上海：上海人民出版社.2010.

【美】罗杰斯.传播学史：一种传记式的方法.上海：上海译文出版社.2005.

【德】洛伦茨·耶格尔.阿多诺：一部政治传记.上海：上海人民出版社.2007.

【英】佩里·安德森. 思想的谱系：西方思想左与右. 北京：社会科学文献出版社. 2012.

【美】彼德·科利尔，戴维·霍洛维茨. 破坏的一代：对六十年代的再思考. 北京：文津出版社. 2004.

【波】彼得·什托姆普卡. 默顿学术思想评传. 北京：北京大学出版社. 2009.

【美】彼得斯. 交流的无奈：传播思想史. 北京：华夏出版社. 2003.

【德】格尔哈特·施威蓬豪依塞尔. 阿多诺. 北京：中国人民大学出版社. 2008.

【英】乔治·奥威尔. 一九八四. 北京：北京十月文艺出版社. 2013.

【英】乔治·H. 米德. 心灵、自我与社会 [M]. 上海：上海译文出版社. 2008.

【美】希伦·A. 洛厄里，梅尔文·L. 德弗勒. 大众传播效果研究的里程碑. 北京：中国人民大学出版社. 2009.

【美】托马斯·麦卡锡. 哈贝马斯的批判理论. 华东师范大学出版社. 2010.

【美】宣韦伯. 传媒、信息与人：传学概论. 北京：中国展望出版社. 1985.

【美】伊莱休·卡茨等：媒介研究经典文本解读. 北京：北京大学出版社. 2011.

【英】约翰·费斯克. 理解大众文化. 中央编译出版社. 北京：中央编译出版社. 2001.

【英】约翰·B. 汤普森：意识形态与现代文化. 南京：译林出版社. 2005.

【美】詹姆斯·W. 凯瑞. 作为文化的传播："媒介与文化"论文集. 北

京：华夏出版社．2005．

【日】中冈成文．哈贝马斯：交往行为．石家庄：河北教育出版社．2001．

曹卫东．曹卫东讲哈贝马斯．北京：北京大学出版社．2005．

曹卫东．霍克海默集．上海：上海远东出版社．1997．

曹卫东．权力的他者．上海：上海教育出版社．2004

曹书乐．批判与重构：英国媒体与传播研究的马克思主义传统．北京：清华大学出版社．2013．

陈勋武．哈贝马斯评传．广州：中山大学出版社．2008．

陈卫星．传播的观念．北京：人民出版社．2004．

陈士部．法兰克福学派批判理论的历史演进．北京：安徽大学出版社．2010．

方文．学科制度和社会认同．北京：中国人民大学出版社．2008．

胡翼青．传播学：学科危机与范式革命．北京：首都师范大学出版社．2004．

胡翼青．传播学科的奠定：1922—1949．北京：中国大百科全书出版社．2012．

胡翼青．再度发言：论社会学芝加哥学派传播思想．北京：中国大百科全书出版社．2007．

黄修己：中国新文学编纂史．北京：北京大学出版社．2007．

江天骥．法兰克福学派：批判的社会理论．上海：上海人民出版社．1981．

李彬．传播学引论．北京：新华出版社．2003．

李青宜．西方马克思主义的当代资本主义理论．重庆：重庆出版社．1993．

刘海龙．大众传播理论：范式与流派．北京：中国人民大学出版社．2008．

马凌．共和与自由：美国近代新闻史研究．上海：复旦大学出版社．2008．

裴长洪主编．美国人文社会科学现状与发展．北京：社会科学文献出版社．2001．

王晓升：为个性自由而斗争：法兰克福学派社会历史理论评述．北京：社会科学文献出版社．

徐崇温．西方马克思主义论丛．重庆：重庆出版社．1993．

殷晓蓉．战后美国传播学的理论发展．上海：复旦大学出版社．2000．

张锦华．传播批判研究．台北：黎明文化事业有限公司．1994．

赵一凡．美国文化批判集．北京：生活·读书·新知三联书店．1994．

郑春生．拯救与批判：马尔库塞与六十年代美国学生运动．上海：上海三联书店．2009．

中文论文

曹卫东．法兰克福学派研究近况．哲学动态．2011（1）．

曹卫东．从"公私分明"到"大公无私"．读书．1998（6）．

曹卫东．学术造反与制度紧张．读书．2001（1）．

李金铨．传播研究的典范于认同：一些个人的初步思考．传播研究与实践．2014（1）．

李琦，李淑梅．自我问题研究的主体间性转向．求索．2007（9）．

刘兵．历史的辉格解释与科学史．自然辩证法通讯．1991（13）．

黄小寒．传统理论的局限与批判理论的主题：读霍克海默《传统理论与批判理论》一文的思考．教学与研究．2010（2）．

潘忠党，吴飞．反思与展望：中国传媒改革开放三十周年笔谈．传播与社会学刊．2008（6）．

黄旦．美国早期的传播思想及其流变：从芝加哥学派到大众传播研究的确立．新闻与传播研究．2005（1）．

曹卫东．学术造反与制度紧张．读书．2001（5）．

胡翼青，解佳．哈贝马斯批判：基于交往行动理论的反思．中国地质大学学报（社会科学版）．2009（5）．

胡翼青．超越功能主义意识形态：再论传播社会功能研究．现代传播．2012（7）．

胡翼青，吴雷．谁是批判学派：对传播研究范式二元框架的批判．当代传播．2012（5）．

胡翼青．传播学科建制发展的两难境地．当代传播．2011（5）．

胡翼青．传播研究本土化路径的迷失：对"西方理论，中国经验"二元框架的历史反思．2011（4）．

童世骏．批判与实践：新法兰克福学派对美国实用主义的兴趣．华东师范大学学报（哲学社会科学版）．2009（5）．

王江涛．哈贝马斯公共领域思想研究．华东师范大学．2009．

吴飞．传播学的反思要正视芝加哥学派的传统：兼评胡翼青的《再度发言：论社会学芝加哥学派传播思想》．当代传播．2008（5）．

张军芳．经验社会学路径下的传播研究：论罗伯特·E·帕克的传播研究．现代传播．2006（2）．

英文图书

Claus Offe. *Reflections on America. Tocqueville*, *Weber and Adorno in the United States*. Cambridge：Polity. 2005.

Claire Bond Potter & Renee Romano. *Doing Recent History*: *On Privacy*, *Copyright*, *Video Games*, *Institutional Review Boards*, *Activist Scholarship*, *and History That Talks Back*. Athens: The University of Georgia Press. 2012.

Daniel J. Czitrom. *Media and the American Mind*: *From Morse to McLuhan*. Chapel Hill: University of North Caroline Press. 1982.

David Park, and Jefferson Pooley. *The History of Media and Communication Research*: *Contested Memorie*. New York: Peter Lang, 2008.

David E Morrison. *The Search for a Method*: *Focus Groups and the Development of Mass Communication Research*. Luton: University of Luton Press. 1998.

Daniel Bell. *The Social Sciences Since the Second World War*. New Brunswick: Transaction Books. 1982.

David Jenemann. *Adorno in America*. University of Minnesota Press. 2007.

Deborah Cook. *Theodor Adorno*: *Key Concepts*. Acumen Publishing. 2008.

Donald Fleming and Bernard Bailyn *The Intellectual Migration*: *Europe and America*, 1930—1960. Cambridge: The Belknap Press of Harvard University Press. 1969.

Everette E. Dennis, & Ellen Wartella. *American Communication Research*: *the Remembered History*. Mahwah: Lawrence Erlbaum Associates, 1996.

Elihu Katz, John Durham Peters, Tamar Liebes and Avril Orloff. *Canonic Texts in Media Research*: *Are these any? Should there be? How about these*. Malden: Polity Press. 2003.

Everett M. Rogers. *Communication Technology*: *the New Media in Society*. New York: the Free Press. 1986.

Herbert Butterfield. *The Whig Interpretation of History*. New York: W·W·Norton & Company, Inc. 1965.

参考文献

Karl Mannheim. *Ideology and Utopia*: *An Introduction to the Sociology of Knowledge*.

Translated from the German by Lousi Wirth and Edward Shils. New York: Harcourt, Brace & CO., INC. 1954.

Martin Jay: *The Dialectical Imagination*: *A History of the Frankfurt School and the Institute of Social Research*: 1923—1950. London: Heinemann Educational Books Ltd. 1974.

Martin Jay. *Adorno*. Cambridge: Harvard University Press. 1984.

Max Horkerimer, Theodor W. Adorno. *Dialectic of Enlightenment*: *Philosophical Fragments*. Stanford: Stanford Univeristy Press. 2002.

Max Horkheimer: *Between Philosophy and Social Science. Selected Early Writings*. Cambridge: The MIT Press. 1993.

Max Horkherimer: *Critical Theory*: *Selected Essays*. New York: The Continuum Publishing Corporation. 1982.

JamesCarey. *CommunicationasCulture*: *EssaysonMediaandSociety*. New York: Routledge. 2009.

Jeremy Tunstall. *Media Sociology*: *A Reader*. Urbana: University of Illinois Press, 1970.

Lorenz Jager. *Adorno*: *A Political Biography*. New Haven: Yale University Press. 2004.

Luman Bryson. *The Communication of Ideas*: *A Series of Addresses*. New York. Harper & Brothers. 1948.

John Durham Peters: *Speaking into the Air*: *A History of the Idea of Communication*. The University of Chicago Press: Chicago and London. 1999.

John Abromeit. *Max Horkheimer and the Foundations of the Frankfurt School*.

Cambridge. Cambridge University Press. 2011.

Robert W. McChesney. *Communication Revolution: Critical Junctures and the Future of Media*. New York: The New Press. 2008.

Robert W. Witkin. *Adorno on Popular Culture*. New York: Routledge. 2003.

Rolf Wiggershaus: *The Frankfurt School: Its History, Theories, and Political Significance*. Cambridge: The MIT Press. 1994.

Todd Gitlin. *The Whole World Is Watching: Mass Media in the Making & Unmaking of the New Left*. Berkeley: University of California Press. 1980.

The Institute of Social Research. *Studies in Philosophy and Social Science*.

Peter Simon, Janice Peck, Robert T. Craig, John P. Jackson, Jr. *The Handbook of Communication History*. New York: Routledge. 2013.

Phil Slater. *Origin and Significance of the Frankfurt School: A Marxist Perspective*. London: Routledge & Kegan Paul Ltd. 1977.

Stefan Muller-Doohm. *Adorno: A Biography*. Cambridge: Polity. 2009.

Theodor Adorno. *The Culture Industry: Selected Essays on Mass Culture*. 1991.

Tia De Nora. *After Adorno: Rethinking Music Sociology*. Cambridge: Cambridge University Press. 2003.

Tom Bottomore: *The Frankfurt School and Its Critics*. New York: Routledge. 2002.

TheodorAdorno. *The CultureIndustry: Selected Essayson Mass Culture*. London: Routledge. 1999.

William David Sloan. *Perspectives on Mass Communication History*. New Jersey: Lawrence Erlbaum Associates, 1991.

Wilbur Schramm. *The Beginnings of Communication Study in America: A Personal Memoir*. Oaks: Sage Publications. 1997.

英文文章

AnnieLang (2013). *Discipline in Crisis? The Shifting Paradigmof Mass Communication Research*. Communication Theory.

Bernard Berelson (1959). The State of Communication Research. The Public Opinion Quarterly, VOL. 23, No. 1.

Dorwin Cartwright (1979). *Contemporary Social Psychology in Historical Perspective*. Social Psychology Quarterly. (Vol. 42, No. 1).

Elihu Katz (1983). *The Return of the Humanities and Sociology*. Journal of Communication. Ferment in the Field.

Everett M. Rogers & Steven H. Chaffee (1983). Communication as an Academic Discipline: A Dialogue. *Journal of Communication*, 33, 18—30.

Karl Erik Rosengren (1983). *Communication Research: One Paradigm, or Four?*

Journal of Communication. *Ferment in the Field.*

Gerald R. Miller (1983). Taking Stock of a Discipline. *Journal of Communication*, 33. Ithiel de Sola Pool (1983). What Ferment? A Challenge for Empirical Research. Journal of Communication. *Ferment in the Field.*

Jefferson Pooley & Elihu Katz (2008). Further Notes on Why American Sociology Abandoned Mass Communication Research. *Journal of Communication*, 58, 767—786.

Jennifer Daryl Slack & Martin Allor (1983). The political and epistemological constituents of critical communication research. *Journal of Communication*, 33, 208—218.

Kurt Lang (1996). *The European Roots in American Communication Re-*

search: *the Remembered History*, edited by Everette Dennis, & Ellen Wartella. Mahwah: Lawrence Erlbaum Associates.

Max Horkheimer (1993). *The Present Situation of Social Philosophy and the Tasks of an Institute for Social Research*, in *Between Philosophy and Social Science: Selected Early Writings*.

John Durham Peters (2008). *The Subtlety of Horkhermer and Adorno: Reading" The Culture Industry"*, in *Canonic Texts in Media Research: Are There Any? Should There Be? How About These?*

Peter Simonson and Gabriel Weimann (2003). *Critical Research at Columbia: Lazarsfeld's and Merton's" Mass Communication, Popular Taste, and Organized Social Action"*, in *Canonic Texts in Media Research: Are These Any? Should There Be? How About These?*

Robert T. Craig (1993). Why are there so many communication theories? Journal of Communication, 43 (3), 26—33.

Robert T. Craig & Karen Tracy (1995). Grounded practical theory: the case of intellectual discussion. *Communication Theory*, 5 (3), 248—272.

Robert T. Craig (1999). Communication theory as a field. *Communication Theory*, 9 (2), 119—161.

Robert T. Craig (2001). Minding my metamodel mending myers. *Communication Theory*, 11 (2), 231—240.

Robert T. Craig (2005). How we talk: communication theory in the public interest. *Journal of Communication*, 659—667.

Paul Felix Lazarsfeld. *Administrative and Critical Communication Research*, in *Studies in Philosophy and Social Science*, published by the Institute of Social Research. 1941 (Vol. IX No. 1).

参考文献

T. W. Adorno (1941). *On Popular Music. In Studies in Philosophy and Social Science*, published by the Institute of Social Research. (Vol. IX No. 1).

Wibur Schramn (1959). *The State of Communication Research.* in *The Public Opinion Quarterly*, VOL. 23, No. 1.

Wibur. Schramn (1980). *The Beginning of Communication Study in the United States*, edited by Dan. Nimmo, *Communication Yearbook* 4, An Annual Review Published by International Communication Association.

Wilbur Schramm (1983). The Unique Perspective of Communication: A Retrospective View. *Journal of Communication*, 33, 6—17.

William H. Melody & Robin E. Mansell (1983). The debate over critical vs. administrative research: circularity or challenge. Journal of Communication, 33 (3), 103—116.

William H. Melody, Robin E. Mansell (1983). *The Debate over Critical vs. Administrative Research: Circularity or Challenge.* Journal of Communication. *Ferment in the Field.*